意志の力に頼らない

すごい独学術

独学のプロ
石動龍

ALPHAPOLIS
アルファポリス

はじめに

この本には、独学を成功させるためのノウハウが**「これでもか！」**と詰まっています。

なのでこの本を読めば、

つらい独学が、たのしく継続できるようになり、
公認会計士試験、司法書士試験といった、超難関資格試験にもらくらく合格できてしまい、
独立・開業できたりして、あなたの未来がバラ色に変わります！

……と言いたいところなのですが、やはりそんなに甘くありません。

勉強をたった一人で続けるのは、本当につらいものです。

興味がある勉強であれば頑張れるかもしれませんが、資格取得のための勉強となると楽しい内容のほうが少なく、読んでいて眠くなるような小難しい文章や、長ったらしい条文などばかり。

資格取得のために独学にチャレンジする人は少なくありませんが、多くがこのつらさに打ちのめされ、挫折していきます。


この本は、そんな人たちに向けて書かれています。

具体的には次のような人たちです。

・資格の勉強に挑戦したが、失敗してしまった
・いままさに資格の勉強中で、行き詰まっている
・勉強したいけど、仕事が忙しくて時間がない
・お金がもったいないし、予備校や専門学校には通いたくない
・現状に不満があり、資格を取って環境を変えたいと思っている

こうした人たちが、独学という強敵にたじろがないようにするために、様々な武器を授けたいと思っています。

それら武器の基礎となるのが、タイトルにある「意志の力に頼らない」という視点です。

人間の意志は弱いという事実に基づいているからこそ、それがうまく機能すれば、まるで仕掛けが動いていくように、ストレスなく勉強習慣が稼働していくようになります。

この本は、次のような構成になっています。

まず第0章「なぜ独学は失敗するのか」で、改めて人間の意志は弱いという事実に向き合い、失敗の本質を理解します。

続く第1章「独学を継続させる仕組み」は、この本のキモとなる9つの「仕組みづくり」について。モチベーションを高める方法、休息法、ルーティン化、時間術など、独学を成功させるテクニックを網羅的に紹介します。

第2章「あらゆる場所で集中する方法」では、効率的に勉強するうえでもっとも大事な、集中力の高め方について解説します。集中力さえコントロールできるようになれば、いつでも勉強できるようになります。

第3章「挫折しやすいポイント」ではちょっと視点を変えて、つまずきやすいポイントを集中的に解説します。

忙しいなかで勉強時間を確保する方法や、ルーティンにすることで勉強することをストレスなく習慣化するテクニックなど、役立つノウハウが満載です。

そして最後、第4章「合格する勉強法／合格しない勉強法」では、筆者である私が、たくさんの失敗を重ねることでたどり着いた、やるべき勉強法、やってはいけない勉強法についてお伝えします。

私は意志が弱い人間です。

人間自体が意志が弱い生き物だとしても、私にはその自覚がひときわ強くあります。

だからこそ、挫折しづらい独学術を構築できたように思います。

それでは、意志の力に頼らない独学術をともに学んでいきましょう。

Contents

第2章 あらゆる場所で集中する方法

第3章 挫折しやすいポイント

第4章 合格する勉強法／合格しない勉強法

第0章

なぜ独学は失敗するのか

資格試験や大学受験において、予備校や専門学校に頼らず一人で勉強するのはうまくいかないものです。

いわゆる「独学」というのは難しいといわれます。

とくに、公認会計士試験や税理士試験などの難関国家資格試験であれば、受験者の大半が専門学校に通います。

先に断言しますが、独学で失敗するのは当然です。

チャレンジした人はほぼすべて挫折します。

さらに、挫折してしまう人の根底にある原因は、突き詰めると、多くの場合同じもののようです。

具体的なテクニックを紹介していく前段階となるこの第0章では、その原因について解説していきます。

独学が失敗する訳

「努力できる／できない」の差

なぜ独学は失敗するのか。

それについて詳しく触れていく前に、少しだけ私について書かせてください。

私は、２０１３年に司法書士試験、２０１４年に公認会計士試験に合格しました。

どちらも正社員としてフルタイムで働きながら勉強し、専門学校には行きませんでした。

大卒資格は持っていましたが、２０１５年にはセンター試験を受けなおし、東北大学に再入学しました。

どれも独学です。

受験したスケジュールはこうでした。

「２０１２年　７月」　司法書士試験　×　不合格
「２０１３年　７月」　司法書士試験　○　合格
「２０１３年　12月」　公認会計士短答式試験　×　不合格
「２０１４年　５月」　公認会計士短答式試験　○　合格
「２０１４年　８月」　公認会計士論文式試験　○　合格
「２０１５年　１月」　センター試験
「２０１５年　２月」　東北大学二次試験　○　合格

振り返るとなかなか無理のあるスケジュールです。

でも、あまり大変だと思うこともなく、合格する確信も早い段階からありました。

そして実際に、難関とされる資格を取得し、働きながら大学に入学することができました。

私が特別な人間かというと、もちろんそんなことはありません。

子どものころから家でほとんど勉強しませんし、当たり前ですが、天才でもありません。

育った青森県八戸《はちのへ》市は塾に行く習慣が都会ほどないので、学習塾に通った経験もないです。

父は中学校の教師、母は専業主婦という平凡な家庭で育ちました。

高校では、小テストの成績が毎回のように赤点で、追試の常連が集まった「追試四天王」の一人でした。

数学の試験（200点満点）で6点をとったことも2回あります。

大学では、必修のドイツ語の単位がとれず、6年間（2回留年しました）連続で1年生と一緒に授業を受けました。

最後は教授にも覚えられ、「今年の教科書は難しいけど大丈夫？」と心配されるほどでした。

私がいかに平凡な人間であるかについて、少し違う話をしましょう。

毎年1月、私は「今年こそやせよう」と目標をたてています。

そして、何度も挫折しています。

昨年も「朝昼を抜いて1日1食にする」「昼を多めに食べて夜を軽めにする」「昼食をオートミールのダイエット食に代える」などの手法を試してみました。

1年以上たったいまどうなっているかというと、体重は1キロも減っていません。もう5年ほど連続で失敗しています。


ずっと太っているわけではありません。

私は20歳のころから格闘技をしており、現在もブラジリアン柔術のインストラクターをしています。

2023年で44歳になりました。

最後に試合に出たのは2010年です。

格闘技選手として現役時代は、減量をすることもありました。

ひと月ほど前から減量を始め、だいたい5キロほど落としていました。スケジュールをたてて減らしていくのでつらいと思ったことはないです。

いままで落とした最高記録は3日で10キロです。海外旅行から帰ってきてすぐ、急に試合に出ることになったためです。

起きてすぐサウナスーツを着て走り、飲まず食わずのまま働いて、夜はそのまま練習に行きました。

振り返るととんでもなく大変そうですが、やはりつらかった記憶はありません。

なお、無茶な減量で体が動かず、試合はあっさり負けました。

10年経ち、簡単だった減量がまったくできなくなってしまいました。

私は変わってしまったのでしょうか――

そんなことはありません。

いまも昔も、私は意志が弱い人間です。

もちろんダイエットだけでなく、勉強で挫折した経験があります。

２０１０年ごろ、ベトナム語を覚えようとテキストを買いましたが、３か月しか続きませんでした。

公認会計士試験にも挫折しています。２００７年、会社を辞めて専門学校に入ったものの、３か月でついていけなくなりました。

２０１６年には不動産鑑定士試験を受け、合格できませんでした。

結果は不合格者の中ではＡ判定であと一歩だったものの、その後は受験していません。

回り道をして私自身の失敗談を書いてきましたが、ここでお伝えしたかったのは、**同じ人間であっても、うまくいったり、いかなかったりする**ということです。

この違いはいったい何なのでしょうか。

じつは、減量にヒントがあります。成功した10年前と、まったく成功しない現在で、大きく異なるポイントがあるのです。

「達成したときのメリット」を意識する

そのポイントというのが、「**達成したときのメリット**」です。

それを意識しているか意識していないかに、当時といまで大きな違いがあるのです。

先の失敗例から考えてみましょう。

格闘技の試合に出なくなって、私は20キロほど太ってしまいました。

毎年、健康診断で太りすぎと指摘されるものの、検査で引っかかる項目はなく、ほぼオールAの結果が返ってきます。

また、結婚して子どももいるので恋愛する機会もありません。

ありがたいことに、妻は「太ってもやせてもどっちでもいい」と言ってくれます（興味がないだけかもしれません）。

そうして強いモチベーションがないまま、健康診断のあと、一応やせたいと考えて減量を始めます。

ですが、計画をたてて「今度こそ」とスタートするものの、いつも結果が出る前に続けられなくなります。

やせたい理由は「なんとなく健康になりたい」というふわっとしたものですし、やせて明確にいいことがあるわけでもないです。

「絶対にやせなければならない」という動機がないため、心のどこかに甘えがあるのでしょう。

そんなわけで、「達成したときのメリット」はほとんど意識していません。

一方で、現役時代は試合のための減量には失敗したことがありませんでした。もしも当日までに体重を落とせないと、そのまま失格になります。試合に出られないと、日ごろの練習の成果を試すことができないので、悔しい思いをします。

それだけでなく、格闘技には必ず相手がいます。

アマチュアの格闘技では、対戦相手も仕事や家庭のスケジュールを調整し、合間をぬって練習や減量を行っています。失格になると準備した相手の機会を奪ってしまうことになり、大変な迷惑をかけます。

この場合、「達成したときのメリット」というより、できなかった際のデメリットが明確と言えるのですが、そのため必死になって努力できるのです。

私が腹をくくれた訳

独学の話に戻ります。

私がしてきた経験ですと、1回挫折し、2回目は合格した公認会計士がわかりやすいと思います。

私は2004年に大学を卒業し、新聞記者になりました。仕事はそれなりに楽しかったものの、拘束時間が長かったことや、業務と自分のモラルがぶつかるケースがあったことが原因で、2007年に会社を辞めました。

新しい仕事を探すことにしたのですが、とくに何のプランもありませんでした。なぜ公認会計士試験の勉強を始めたのかもよく覚えていません。在職中に、「辞めた人は弁護士や公認会計士になるパターンが多いらしい」と聞いていたことがきっかけだったような気がします。難しい資格を取れば食いっぱぐれることはないだろう、くらいの考えでした。

専門学校のパンフレットを適当に取り寄せ、弁護士は向いてなさそうだから公認会計士にする、程度の考えで勉強を始めたように記憶しています。

公認会計士がどのような仕事なのか、資格を取得できればどのように人生が変わるかなど、具体的なビジョンはまるでありませんでした。

専門学校の勉強は、授業や課題が多く、サボると内容がわからなくなり、ついていくのが難しくなります。そのため、高い学費を払いながらも、試験までに脱落する人がけっこうな割合でいます。

当時の私は、毎日の授業に出るのが日に日につらくなり、3か月が過ぎたころには学校に行けなくなりました。

あとには、大量の開いていない教科書だけが残りました。

それから6年が過ぎた2013年、私は上場企業の経理部で働いていました。

主な仕事は、四半期ごとに決算を行い、発表資料を作成することです。

資料には、損益計算書や貸借対照表などの財務諸表が含まれます。実務上、それらの資料は発表前に監査法人のチェックを受けることになっています。

監査法人とは、公認会計士で構成する法人です。財務諸表を監査することが主な業務になります。

日常的に公認会計士と接することが多くなり、雑談をする時間もあったため、彼らの業務内容や給与水準、キャリアパスなどを自然に理解するようになりました。

資格を得ると、年収1000万円を得るのは簡単で、独立や転職も思うままにできそうな印象です。

挫折した当時と比べ、公認会計士はとても魅力的に見えました。

とくに、「独立」という言葉が心に刺さりました。


新聞社を辞めて、最初は化学メーカーに就職し、1年半で海運会社に転職しました。2013年は、海運会社に入社して4年が過ぎていました。


どちらの会社でも、上司との相性が合わず、とても苦労しました。

最初の化学メーカーの会社では、所属部署の課長は勤続40年のたたき上げでした。とても真面目で知識はあったものの、部下を徹底的に管理したいタイプの人でした。毎日のように細かい指導と突然のチェックが入り、心の休まる暇がありません。

仕事は楽しく環境も良かったものの、次第に仕事に向かうのが憂鬱《ゆううつ》になり、気づけば転職サイトに登録していました。

次の海運会社に採用され、出社した最初の日はよく覚えています。

配属された経理部に向かうと、辞めた会社の上司とよく似た顔つきの人がいます。その人が直属の上司と聞いた瞬間に、頭がくらくらしました。

直感的に、同じタイプの人間だと確信したからです。

そして、転職前と同じ苦しみを抱えることになりました。

さらに、入社してから会社の業績は右肩下がりです。借入金と赤字の額が決算ごとに増えていき、会社の将来に大きな不安を抱えました。

当時は35歳転職限界説が広く信じられていました。

30歳を迎えた私にとって、サラリーマンとして残されたチャンスはあまり多くありません。

人生を保証してくれるものは何もなく、先はまったく見えない状態でした。

だからこそ失敗できないと腹をくくれたのです。

メリットを意識して「自らを誘惑」する

公認会計士の2回目の受験を決意したとき、1回目と大きく違っていたのは受かったあとのビジョンです。

合格すれば、合わない上司と働く必要もなく、年収は上がり、社会的なステータスが得られます。

さらに、会社の倒産に怯えることなく、人生を安定させることもできます。

これらを理解し、自分の中で「**達成したときのメリット**」**を明確化できたことが、私が独学を達成できた要因**なのです。

たとえば、何のリターンもなく、「1か月で10キロやせろ」といわれても無理でしょう。

しかし、「1000万円もらえる」とか、「好きなアイドルと付き合える」などの条件があるなら、誰だって目の色が変わるはずです。

繰り返しになりますが、人間の意志は弱いものです。

遊びやお菓子などの誘惑は魅力的ですし、どうしても楽なほうに進んでしまうでしょう。

誘惑に強い意志で勝とうとするのは、特別な人間を除いて無理です。

だからこそ、「達成したときのメリット」を明確に意識するのです。

そうして、意志の力で誘惑に耐えるのではなく、「**達成したときのメリット**」**に自らを誘惑するようにして、努力に向かわせる**必要があるのです。

独学を「……なんとなく」で始めると、「あれ、何のために頑張ってるんだっけ?」となって挫折する。

「達成したときのメリット」を明確にしておこう!

第1章

独学を継続させる仕組み

「達成したときのメリット」はしっかり考えました！　つらく長〜い勉強に耐えうるだけのビジョンは見えてます！

——ということころまで来たとしましょう。

でもそれだけでは、独学は継続できません。

なぜなら……これは繰り返しになりますが……人間の意志は弱いから。いずれ「あ、ダメかも」という瞬間が来てしまうものです。

なので、意志に頼らない「仕組みづくり」が必要です。

この章では、人間の意志は弱いという事実に基づいた、独学を絶対に継続させる9つのメソッドを紹介します。

モチベーションを強固にする方法から、トライ＆エラーを繰り返して学習効率を高める方法まで、勉強にまつわるすべての悩みの解決法を完全網羅！

この9つを取り入れるだけで、学習効率が飛躍的に上がります！

❶ ニンジンをぶら下げる

メリットがあっても頑張れない

第0章で、目標を達成したときのメリットを明確にする必要がある、と指摘しました。とはいえ、メリットが明確であっても、努力を継続するのは簡単ではありません。

減量でも、資格でも、節約でも、思いたって行動を始めたときのことを思い出してみましょう。

どうでしょうか。

最初はよくても、すぐにやめてしまったと思います。

じつはそれは当然のことです。

目標をたてることは、これまでの習慣を変えることと同じ。

ある行動が習慣になっているのは、それが自分に合っていて心地よいので、変えるのはとても大変なのです。


たとえば、私はおいしいものをお腹いっぱい食べるのが好きです。

ついつい、二郎系のラーメンや大盛りのかつ丼を食べてしまいます。もちろん、頭では食べたら太るとわかっています。

とくに土日が危ないです。「平日に一生懸命働いたのだから……」などと理由をつけて、自分に甘くなってしまうのです。

私なりに、やせる方法はよくわかっています。鶏ささみや鶏ムネなどたんぱく質を中心にカロリーを抑えた食事を腹8分目までとります。朝起きたらランニング、寝る前も筋トレで汗を流します。時間があれば格闘技の練習に行ってもいいでしょう。

1週間に1・5キロ落とすペースを保てば、2か月で12キロ減量できるでしょう。

字にするととても簡単ですが、最初の一歩でつまずきます。味付けを工夫した低カロリー食は1日目こそ問題ないものの、2日目、3日目と続くうちに「またか……」と食べる気が失せます。そのころにラーメンやカレーの看板を目にして、「今日1日くらいはいいだろう」と思ってしまったら、もうおしまいです。

ダイエット前の習慣が復活し、体重もすぐに戻ってしまいます。

多くの人の独学がなかなかうまくいきづらいのも、これと同じです。

難関試験も合格への道筋は見えています。

難しい試験はほとんど相対評価を行うので、どんなに難しい問題が出題されても、受験者の上位5%程度に入れば合格できます。

試験範囲も指定されており、あらかじめ十分な準備を行うことも可能です。

たとえば、行政書士試験は500~1000時間、司法書士試験は約3000時間、公認会計士試験は3500~6000時間ほどの勉強が必要とされているようです。

仮に1日5時間、週1日休むペースで年300日勉強するなら、年間1500時間が確保できるので、**どの試験も3年強の時間があれば合格できる**ことになります。

もちろん、そんなに簡単にはいきません。

テキストを買い、時間を作って、「さあやるぞ！」という気分になります。ですが、社会人や学生の場合、勉強は仕事や学校がない空き時間に行うことになります。

生活のためのアルバイトや育児があれば、その時間には勉強できません。

そうすると、勉強はそれまでスマホを見たり漫画を読んだりしていた時間を削って行うことになります。

これが落とし穴です。

習慣を変更し、楽しみをつらさに変えることになるため、当たり前ですが、とてもつらいのです。

また、意志の力だけで勝てるほど、誘惑は優しくありません。

苦しくなるころに、「今日だけ」「1回くらい」などの甘いささやきが頭の中に広がり、気づけばすっかり集中できなくなります。

独学は自分以外に管理してくれる人はいません。

「1回だけ」と誘惑に負けると、次の日も勉強する確率は大幅に下がります。

そのうちテキストを開かなくなって、すっかり元の暮らしに戻ってしまうでしょう。

こうして、三日坊主が完成します。

年末に「今年もダメだった」と振り返ることになります。


独学が失敗する原因は、大半が「続けられない」ことです。


三日坊主を乗り越えるために、「達成したときの具体的なメリット」のビジョンが必要なのはすでに指摘しました。

ただし、それだけでは足りません。

楽しみを犠牲にするコストを上回るメリットを認識できなければ、気持ちが楽なほうに傾いてしまいます。

では、それを強く認識するためにはどうすれば良いのでしょうか。

私のトラウマについて

前章とも重複しますが、私が転職したころの話をします。

新聞社を辞めて試験にも挫折し、中小規模の化学メーカーに転職しました。

新聞社と比べて労働環境は大きく改善し、土日はしっかり休めるようになりました。

記者は平日深夜まで働き、土日祝日も事件事故が発生すれば、すぐに行かなければなりません。

いまでは信じられないことですが、休みも基本的に勤務地の埼玉県から出ることはできませんでした。そして、突発的な出来事があるたび携帯電話で呼び出され、事件現場へ急行します。

土日も関係ないので、曜日の感覚はほとんどなくなります。

それに比べると、しっかり休めて呼ばれることはないサラリーマンは天国のようでした。

平日は仕事を終えてから格闘技を練習したり、飲み会に行ったりします。

休みになると、午前は格闘技の練習をして、話題のラーメンを食べに行き、夜遅くまでお笑い番組を見ながらゲームをする――好きなことばかりができる時間を得ました。

その代償に、日曜の夜が憂鬱になりました。

いわゆるサザエさん症候群です。

私の場合は、『情熱大陸』が始まるあたりで心がざわざわし始め、「明日から仕事か……」と悲しい気持ちになりました。

出勤すると、上司からの細かいチェックが待っています。

恐ろしいのは、仕事自体は暇だということでした。経営企画部門に所属していたものの、定型的な資料作りが主な仕事で、本気で働けば1～2日で終わってしまいます。

そのたびに仕事を探し、それもなくなると、過去の資料を読んだり、扱う商品の相場を調べたりして時間をつぶすのですが、やることはすぐになくなります。

そんなとき決まって、「いしどーくん、いま何をやっているんや？」と真正面に座っている上司から、関西弁でチェックが飛んでくるのです。

やることはないので、返答はしどろもどろになります。そうすると、決まって「ちゃんと仕事をしろ」と雷が落とされるのでした。

そんな日々が続き、次第に上司の顔を見るのが嫌になりました。

いまになって振り返ると、その環境はチャンスも多いものでした。

給与や勤務条件に不満はなかったので、もっと積極的に他部署と関わったり、製造技術の勉強をしたりすれば、いくらでも仕事を楽しくできたと思います。

しかし当時の私は未熟で考えも甘かったので、転職の道を選んでしまいました。

次の転職先である海運会社にも同じタイプの上司がいました。

仕事量は適切で給与水準も上がったものの、人間関係は改善されません。

その業界がはじめての私は、用語や社内ルールの理解が甘く、よく叱責されました。前と同じように管理され、日々心労がたまっていきました。

しかし、それ以上につらかったのは「夜のお誘い」でした。

上司は一人で食事をしたくない性格で、もちろん独身のため、残業が一段落する決算後にはたびたび飲み会が開催されます。

仕事が終わってさっさと帰りたいのに、終電まで独演会に付き合うことになります。

数回に一度のペースで、行きたくないスナックやフィリピンパブに連行されることもありました。

定時から終電まで、説教を交えた仕事の話や、まったく興味のない登山の話を繰り返され、カラオケにも合いの手を入れなければなりません。

ほぼ労働のような気分で6時間以上も拘束され、料金もしっかり徴収されます。

トータルの出費が1万円を超えることもあり、罰金を払って苦行に耐えるような感覚でした。

一青《ひとと》窈《よう》の『ハナミズキ』がいまもトラウマです。

御徒町《おかちまち》のさびれた小さいスナックで、何度も何度も聞かされる羽目になりました。

どんなにうまい人が歌っていても、テレビからこの曲が流れてくると反射的に「うわぁー！」と声を上げそうになります。

「どろどろした思い」をガソリンに

話を独学に戻しましょう。

「資格を取りたい」や「スキルアップして転職したい」などの目標は、言いかえれば「現状を変えたい」ということです。

いま問題があるのか、よりよい将来をつかみたいのか、理由はそれぞれでも、変わりたいという思いに違いはありません。

つらさに耐えて習慣を変えるには、**楽しみを犠牲にするコストより将来のメリットが大きいことを強く認識しなければならない**のです。そのようにして、目の前にニンジンをぶら下げ、走り続ける必要があるのです。

そして、「現状を変える」のはプラスだけに限りません。マイナスの環境から脱出するのも立派な理由です。

私のモチベーションを強く支えたのは、人生が安定して収入が増えるなどのメリットと、二連続で外れた上司ガチャをもうやりたくないということでした。

資格を得て、ゆくゆくは独立し、サラリーマンの世界から抜け出したいという強い気持ちです。

もっとはっきり言えば、

「行きたくない飲み会は全部断りたい！」
「上司を視界に入れたくない！」
「偉そうな役員の機嫌を取りたくない！」
「通勤ラッシュの電車に乗りたくない！」
「ハナミズキは二度と聞きたくない！」

などというどろどろした思いです。

社会的ステージを上げたいというポジティブな思いが「情熱」なら、**嫌なことから**

逃げたいというマグマのように腹にたまった思いは「情念」です。昭和の演歌や、『おしん』の世界観に近いイメージです。

恥ずかしながら、私はできた人間ではありません。

「資格を取って成功したい」とか、「いつか故郷を支えられる人間になりたい」などの気持ちも嘘ではありません。

ただ、そのような**聞こえのよい言葉だけでは、つらい日々を支えられなかった**ように思います。

長い独学期間には、どうしても気持ちが落ちこんだり、体が動かなかったり、模試の結果が悪かったりして、うまくいかない日があります。

そんなときは、「年収1000万」というキーワードをニンジンにしてやる気を呼び起こします。

それでもダメなときは、関西弁の叱責や、御徒町のスナックを思い返し、「お前はまたあんな思いをしたいのか！」と自分を奮い立たせていました。

独学の一番大きい問題は、誰も自分を管理してくれないということです。

どんなときも、自分で自分の尻を叩いて走るしかありません。

つらいときほど、誘惑は魅力的です。

甘い沼にはまってしまうと、そこから脱出するには、入ったときより大きい力が必要になります。


目標達成後のビジョンが具体化するほど、自分を動かすエネルギーは大きくなります。


自分は本当は何がしたいのか、一度きりの人生をどう変えたいのか——

情熱でも情念でもかまいません。心のガソリンになる「何か」を見つけることが、独学達成の近道になるのです。

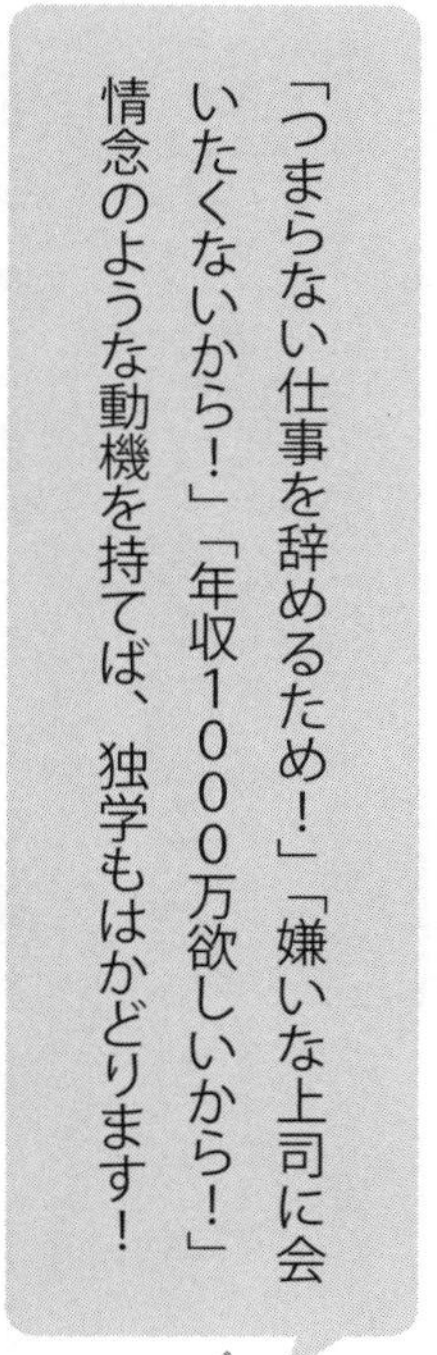
「つまらない仕事を辞めるため！」「嫌いな上司に会いたくないから！」「年収1000万欲しいから！」
情念のような動機を持てば、独学もはかどります！

❷ まず、休みの予定をたてる

休みの有無が合否を分ける

金曜日の昼になると、頭の中でいつも同じ曲のイントロがリフレインします。金曜の午後になると仕事がはかどると歌った、有名な流行曲で、私はドンピシャの世代です。

土日が休みのサラリーマンだと、この気持ちはよくわかるはずです。

逆に、もっともやる気が出ないのは月曜日の朝、もっと言えば通勤途中です。駅に向かう足取りが重くなり、電車の中もなんとなくよどんだ雰囲気です。

なぜこんな気分になるのでしょう。

当たり前ですが、休みは楽しいからです。

思いきり遊んでもいいし、何もしないで家にいることもできます。時間の使い方を自由に決められます。

休みがないとしたら、どんな仕事も長く続けられないでしょう。

ストレスが限界までたまり、いつか体も心も壊れてしまいます。

独学も同じです。

試験に挑む場合は、休みをいかに確保するかが大きなポイントです。

休養なしで努力を続けられるほど、人間は丈夫にできていません。それほど心と体の疲労回復は重要です。

合否を分けるといっても過言ではありません。

生々しい動機に基づくニンジンをぶら下げ、勉強へのモチベーションが高まったら、**何よりも先に休みの予定を決めましょう。**

休みなしだとどうなるか

難関試験に挑戦する日々はとにかく苦しいです。

受かるかどうか見えないまま、人生の貴重な時間をささげることになります。

社会人受験生であれば、使える時間は大幅に限られます。必然的に、多くの人は、余暇を削ることになります。

それはまるで、ゴールのないマラソンのようです。


よくある失敗はこうです。

頑張ろうという気持ちが先走り、休みなしのスケジュールを組んでしまいます。

最初は順調に進んでも、次第に疲れがたまり、ノルマをこなせなくなっていきます。

そのうち、予定が大幅に遅れてテキストを開くこともなくなり、「自分にはどうせ無理だった」と目標をあきらめることになります。

じつは、これは最初に挫折したときの私です。

最初に公認会計士試験に挑戦したときは、資格の専門学校に通っていたのですが、3か月ほどで行けなくなりました。

このとき、スケジュールに休みを入れていませんでした。

週7日、朝から晩まで勉強していました。

標準的な1年半で受験するプランだと、1コマ90分の授業が1日に2〜3コマあります。これに加えて予習、復習をすると、1日の勉強時間は10時間を超えることもザラです。

土日も休みなく机に向かうことになり、もちろん趣味に割く時間はありません。

代わり映えのない毎日にだんだん集中力がなくなり、目を閉じてもテキストの内容が頭から離れません。

楽しいことは何もなく、「明日も勉強か……」と憂鬱な思いで毎日を過ごしていました。

日常から色が消えてしまい、すべて灰色になったかのようでした。

当時の趣味は主に格闘技とゲームでした。

学校の勉強についていけなくなったきっかけは、競馬ゲームの『ウイニングポスト』だったように記憶しています。

起きてから寝るまで勉強ばかり、休みのない日を3か月ほど続けていました。

疲れきったある夜、アパートの押し入れに封印していたＰＳＰ《プレイステーション・ポータブル》の箱が目に入りました。合格したらまたやろう、とソフトと本体をセットにして、ガムテープで開けられないようにしていたものです。

「頑張ってるし今日くらいはいいかな……」

そう思ったのが運の尽きです。箱を開けてスイッチを入れると、気づけば夜が明けるまでプレイしていました。

もちろん、次の日は予定していた講義を受けられません。

スケジュールが狂い始め、それから1か月後にはまったく学校に通えなくなりました。

専門学校の学費は、コースによっては50万円以上かかります。

受験しなくても、当然ですが費用は返ってきません。挑戦をやめると決めた瞬間に、大金をムダにしたことが確定します。

それでも、受験をやめると決めた瞬間は、後悔よりも解放感で心が満たされました。

羽が生えたような気持ちになり、再就職を決めると同時にインド旅行に出発しました。

デリーやバラナシなど北インドを中心に1か月ほど周遊し、安宿に泊まりながらインド人と話したり踊ったりしているうち、景色に彩りが戻ったように思います。

「頑張ったらひと休みライン」を設ける

このように、資格試験を受験するときは、楽しい余暇をつぶして、つらい勉強を繰り返す日々が続きます。

さらに、社会人受験生であれば、仕事と並行して勉強することになります。家に帰ったら好きなコンテンツを見ながら一杯、とはいきません。酒も飲まず、食事を早々に済ませたら机に向かうことになります。アフターファイブは楽しい時間ではなく、苦しい時間に変わります。

そのうえ、独学の場合、仲間はいません。

専門学校へ通っていれば、同じ苦労をする友人と支え合えるかもしれません。独学はひとりぼっちで苦しさと向き合うことになります。

ツイッターなどのＳＮＳで受験友達をつくる人もいるようですが、過度に馴れ合う場合は、勉強時間を削ることになるので、プラスにならない印象もあります。

いずれにせよ、最後は自分で自分を奮い立たせることが必要です。

まだ勉強を始めていない人は想像してみてください。

金曜に休みは何をしよう、と思うことはなく、土日は勉強や模試や講義で埋まっています。

考えるだけで憂鬱になるでしょう。


ところが、世の中には「超人」がいるものです。

私の趣味の格闘技では、1日8時間、週7日練習する人がいました。

資格試験でも、法人税法を勉強し、息抜きに消費税法の勉強、休憩に簿記論を勉強するという理解できないスケジュールで税理士試験に短期合格する人を見ました。

そういう人に遭遇するたび、「無理だ!」と思います。

このような人は絶対にモデルにしてはいけません。

私をはじめとして多くの人は、このような超人ではなく、普通の人だと思います。

とくに私は、基本的になまけもので、すごい人の方法論はとてもマネできません。特別に頭がよいわけでもありません。

仕事をしていても、すぐにニュースが気になったり、マンガの続きが読みたくなったりして、集中できなくなってしまいます。

凡人には凡人の戦い方があります。

仮に、1週間でテキスト100ページ分を理解できるとしても、1か月で挫折したら、合計で400ページしか学習できません。

それよりも、1日休みを入れて週に85ページのペースで勉強できれば、2か月目が終わったころには合計で680ページを理解できます。

一定のペースで勉強すること、続けることが何よりも重要なのです。三日坊主、という言葉のとおり、3日くらいであれば誰でも頑張れるものです。

大切なのは4日目以降も努力を続けることで、結果はその先にだけついてきます。

続けるためには、**「ここまで頑張ったらひと休みできる」というラインを設けること**が大切です。

学生時代の長距離走を思い出してみてください。

息が絶え絶えになり、脇腹が痛くなってきても、ゴールが見えれば足取りが軽くなったはずです。

休みを明確に意識できれば、最後の力を振り絞ることができます。

適切に休みを取り、体力と気力を充実させ、ペースを保つことが合格への近道です。

休み方にも注意が必要

そして、休み方にも、二つの大きなポイントがあります。

短期合格を目指す場合、一つは、「**定期的に休みを入れる**」こと、もう一つは「**2日連続で休まない**」ことです。

難関資格試験はとにかく範囲が広いので、多く休みを入れてしまうとスケジュールを消化できません。

それでも休みを入れなければ、受験まで完走することはとても難しくなります。

あらかじめ「体力と精神力を回復するための日」と割りきって、**週1日を休日にしておく**ことが受験まで学習ペースを保つ大きな秘訣です。

なお、疲れたら休む、という方法はおすすめしません。

自分自身が疲れているかどうかを正しく判定することはできません。己に厳しい人であれば疲れきるまで勉強を続けてしまいますし、自分に甘い人であれば必要以上に休むようになります。

真面目な人は予定外に休むと罪の意識を感じてしまい、せっかく休養してもストレスを解消できない可能性があります。

大事なのは**勉強と休みのリズムを作り、それを続けること**です。

また、連続で休むことは避けるべきです。

普通の人は、テキストを1回読んだだけで内容を理解することはできません。うるし塗りのように、何度も何度も同じ部分を読みこんで、はじめて正しく内容がわかるようになります。

難関試験を勉強する場合、2日連続で休むと、範囲を一周するまで時間がかかってしまい、同じところを読むまでの間隔が長くなります。

時間がたてばたつほど、内容はあいまいになるので、同じ部分をインプットするのに余計に時間がかかります。

結果として、学習効率が落ちてしまいます。

『東大王』などで有名なクイズノックの伊沢拓司さんも、「**2日連続で休むと習慣になってしまう**」という旨をラジオ番組で言っていました。

私の場合、1回目の公認会計士試験は、休みなしで1日10時間以上勉強し、3か月ほどで挫折しました。

合格した2回目は週に1日休み、1日の勉強時間は約5時間半に抑えました。

加えて、2回目の挑戦では、趣味も続けるようにしました。

早朝と通勤時間をメインに勉強して、帰宅する19時半には1日の勉強を終えるようにスケジュールを組みました。

帰宅したあとは自由時間です。

帰宅後はブラジリアン柔術の練習に、週2回ほどのペースで通っていました。

土曜か日曜のどちらかはテキストを開かないことにして、家族で出かけたり、のんびりしたりして過ごしました。

その結果、受験期間を通じて、勉強がつらいとか、続けられない、と思ったことは一度もありませんでした。

三日坊主の言葉のとおり、凡人は3日以上の行きすぎた我慢は続けられません。

一方、戦略的に休養することで、凡人であってもノーストレスで受験生活を送ることができます。

しっかり休むことが短期合格への近道です。

急がば回れの精神を忘れず、つらい日々の中に楽しみを見つけることで、長い受験生活を乗りきりましょう。


勉強の予定を組む前に休みの予定を入れよう！

「定期的に休みを入れる」「2日連続で休まない」を意識して、勉強と休みのリズムをつくろう！

❸ ルーティンをつくる

努力を続けるのは無理

つらい独学では「続けること」が何よりも大事です。

とはいえ、強靭《きょうじん》な意志を持つ人を除いて、努力は長続きしません。それでも、試験に合格するには毎日のノルマを継続してこなす必要があります。

つまり、「努力は長続きしない」と「努力を継続しないと目標は達成できない」という矛盾を解消することが求められるのです。

そのために、**毎日テキストを開くという努力を、努力と感じさせないルーティ**

ンにすることが大切です。

もしあなたに独学を挫折した経験があれば、少し振り返ってみましょう。

次の二つの、どちらかのパターンだったのではないでしょうか。

① 日々の勉強がつらく、試験までたどり着く前にあきらめてしまった
② 十分に勉強したとは言いがたく、実力不足のまま試験を受けてやっぱり落ちた

共通点は、「適切な努力を適切な期間にわたって継続できなかった」ことです。


合格するには、**目標の試験から逆算する**ことが大切です。

最初に試験に合格するのに求められる実力を分析し、試験日までにその水準に到達するまでの勉強量を確認します。

そうして、行うべきことを決めたら、ノルマを1日単位に分割して落としこみ、あとはその作業を継続するだけです。

定期的に模試を受けて実力が予定どおりに伸びているかを確認し、順調に伸びていな

ければ、軌道修正して作業の内容を変えていきます。

こう書くと簡単ですが、実際にやるのは精神的にとてもきついものです。独学の場合は、誰も自分を監督してくれないので、サボるのは自分の意志一つです。スマホを触った瞬間に、あっという間に時間が過ぎてしまった。しばらく独学を続けると、誰でもこんな体験をすることになります。

そもそも、**毎日勉強を開始するにはなかなかのエネルギーが必要**です。「やる気スイッチ」のような便利なものは存在しません。テキストを開く前に夕方になり、気づけば1日が終わってしまった、というパターンもありえます。

勉強を日々のルーティンに

少し視点を変えてみましょう。毎日の生活において、ずっと続いていることを考えてみます。

たとえば、食事や睡眠です。

特殊な事情がある人を除いて、食事をしない人も、寝ない人もいないと思います。

これらは一定の時間になればお腹が減りますし、眠くなるので、毎日できるのは当たり前のことです。

ほかに、多くの人が毎日続けているものとして、仕事があります。

土日は休み、月曜の朝から仕事モードに頭を切り替える人は多いはずです。そして、金曜の夕方まで、仕事中心の日々が続きます。

冷静に考えると、これは少し不思議なことです。

仕事が好きでたまらない、という人は別として、多くの人は日曜の夜には気分が重くなります。どうしても純粋に楽しいとは言いがたい仕事をしていて、休日より平日が好きだという人はとても珍しいと思います。

それにもかかわらず、ほとんどすべての人は、憂鬱な気持ちを抱えながら、出勤の準備をして、駅に向かいます。

もちろん、出社しないと怒られますし、最悪クビになってしまいます。給料がもらえず、生活できなくなる可能性もあります。

そのようなマイナスの影響を考えると、仕事に行くのは当然の判断です。

さて、月曜日の朝に出勤準備をするときの心境を考えてみましょう。

たいていの人は、いちいち「無断欠勤したらどうなるか」について考えていません。

決まった時間に起き、普段どおりに身支度をして、家を出ていると思います。

これは、**「月曜の朝は仕事に行く」ということが、ルーティンになっている**からです。多少のストレスを感じることはあるかもしれませんが、職場には自動的に到着しており、時間が大きくくずれることも少ないはずです。


独学に戻って考えてみましょう。

これまで書いたように、余暇をつぶして行う勉強は、多くの人にとっては仕事と同じように楽しいものではありません。

勉強を始めるのにはエネルギーが必要です。

スイッチを入れるやり方として、「よしやろう！」と自分に気合を入れる方法が考えられます。

この場合、疲れているときはついつい楽なほうに心が向いてしまい、サボりがちになってしまう危険性があります。

そこで、無理なく続けるために必要なのが、**勉強を日々のルーティンに入れてしまう**ことです。

食事や睡眠と同じように、決められた時間に勉強するスケジュールを組みこめば、テキストを開くときに感じる大きいストレスを回避することができ、予定外に休んでしまうことが少なくなるはずです。

生活のリズムを変えるのはＮＧ

それでは、具体的にルーティンをつくる方法について説明します。

大切なのは、**勉強開始前と日常生活を無理に大きく変えない**、ということです。

先ほどの失敗パターンを思い出してください。

まず、①の「日々の勉強がつらく、試験までたどり着く前にあきらめてしまった」場合について考えてみましょう。

これは、自分への負担が大きすぎて、目標にしていた試験前に限界を迎えた状態です。

私は最初の公認会計士試験に3か月で挫折しましたが、私と同じように休みを入れずに勉強に全力を注いだパターンが多いのではないかと思います。

一般的な人の心は、休養なしでつらいことを続けられるほど強くできていません。適切に休養を入れなかったことが失敗の主な原因です。

ただし、このタイプに当てはまる人は、どちらかというと少数派でしょう。

続いて、②の「十分に勉強したとは言いがたく、実力不足のまま試験を受けてやっぱり落ちた」場合について考えてみます。

何度も試験を受けても結果が出ない人は、こちらに当てはまる場合が多いです。

このパターンにありがちなのは、日々の勉強時間にムラがあることです。たとえば、月曜日に5時間勉強して、火曜日は1時間勉強、水曜日は休み、木曜日は5時間勉強する、といった具合です。

このように毎日の勉強時間がバラバラだと、毎日のノルマを達成することが難しくなります。

なぜなら、「今日できなかった分を明日にまわそう」という考えになりやすく、次第に順調にスケジュールを消化する日が少なくなっていくからです。気がつけば、どこまでが本来のノルマかわからなくなり、十分な実力を身につける前に試験の日を迎えてしまうことになります。

この二つの問題は、勉強をルーティンに組みこむことで解消できます。

「スキマ時間」を活用する

詳しくは93ページと150ページで書いていますが、私は「勉強の大半を通勤中の電車で行う」というルーティンをつくっていました。

もちろん、通勤時間以外にも、1日のうちで勉強できる時間はたくさんあるので、その時間も勉強にあてます。たとえば、起きた直後や寝る直前、昼休みや会社の始業前などです。

毎日のタイムスケジュールは次のような感じです。

だいたい朝6時に起床、6時30分に家を出て6時50分の電車に乗るところから勉強を始めます。

8時20分ごろに会社に着くと、始業の9時までは空いている会議室で電卓を使った計

●スキマ時間の活用例

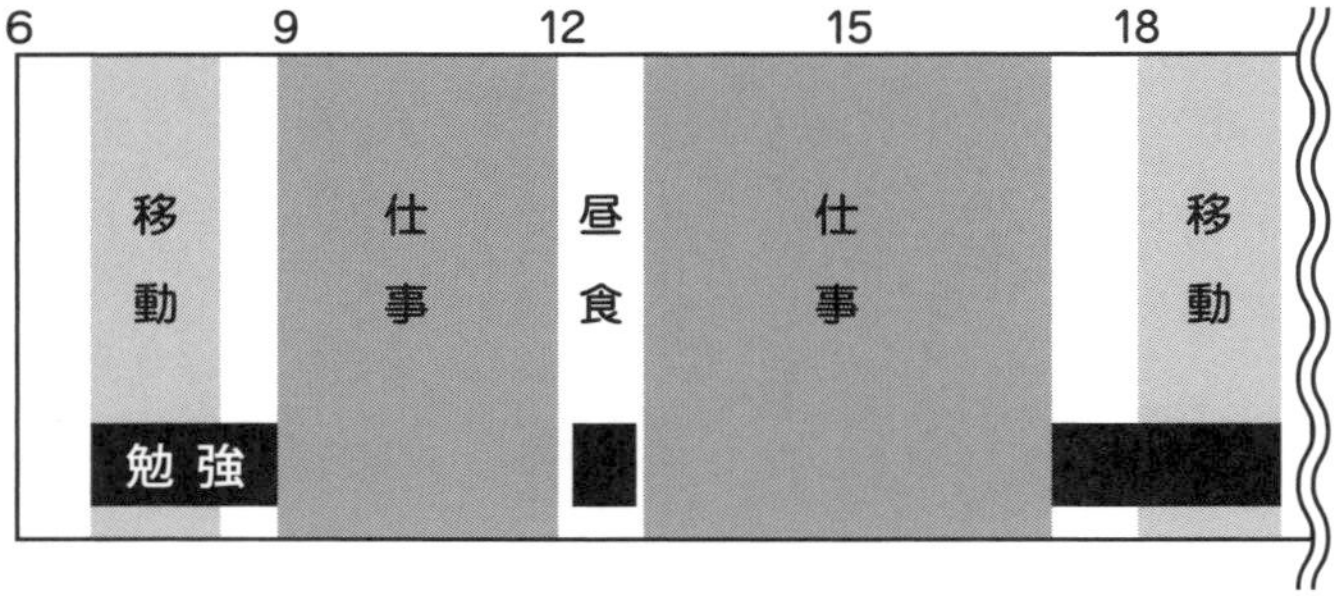

⇒ 生活のリズムを変えることなく
5時間半の勉強時間をつくりだす！

算を解くなど、電車ではできない問題をこなします。

昼休みは弁当を持参して移動時間のロスをなくし、15分ほどで昼食を終えたら、40分ほど計算問題を解きます。

終業後は30分ほど駅のベンチでテキストを読んでから電車に乗り、各駅停車で帰宅します。家に着くのは19時半から20時半ごろだったように記憶しています。

このルーティンで確保できる勉強時間はだいたい1日5時間半です。

なお、帰宅後は自由時間として、週に2回くらいは趣味のブラジリアン柔術の練習に行っていました。

仕事をして、1日5時間半勉強して、趣

味で格闘技をするというのは客観的に見るとかなり無理があるように思います。

ですが、生活のリズム自体は変えておらず、スキマ時間を活用しているだけなので、つらいと思ったことはありません。淡々と日々が過ぎ、順調に実力が伸びたという印象です。

うまくいった要因の一つは、無理なくスケジュールを進められるルーティンをつくったからに他なりません。

毎日同じことをしていると、「努力している」という感覚が薄れていくため、継続がとても楽になります。

ルーティンをつくるコツは、勉強開始前の日常生活のリズムを無理に変えないこと。
スキマ時間を勉強時間に変え、毎日の習慣にしよう！

❹ 物理的制約をつくる

とにかく集中力が必要

ルーティンづくりに次いで大事なのが、集中することです。
集中できなければ、いくら勉強習慣をつくったところであまり意味はないでしょう。

資格試験の勉強は、

① テキストを読むインプット

②　問題を解くことで理解が進んでいるかを確かめるアウトプット
③　本番と同じ形式で実力を発揮できるかを確かめる模試

の3種類を繰り返すサイクルが続いていきます。

いずれも集中が必要ですが、とくにインプットのときは、集中しているかどうかで成果が大きく分かれます。

どこが重要なのか、なぜそのような規定になっているのか、行間の意味を考えながら読むことで理解が早まり、学習効率が高まります。

もちろん、模試や問題を解く場合と違って、テキストを読む際は、集中していなくてもページを進めることができます。

ですが、文字を目で追いながら別のことを考えていると、内容が頭に入りません。だらだらと時間が流れ、結果として予定の分量を読み進めることができたとしても、読んだ内容が記憶に深く刻まれることはありません。

集中するためには、勉強以外のことに意識を向けないことが重要です。余計なことが頭をよぎると気になってしまい、集中が阻害されてしまいます。

言葉でいうと簡単なものですが、実際にやるとなかなか大変です。

意志ではなく、「仕組み」で集中力を高める

いままでの経験を振り返ってみましょう。

勉強に限らず、仕事の企画書や、大学の課題など、提出期限があるものに取り組んだ際に、苦労したことがあると思います。

そのときに、「さあ、集中しよう！」と決めて作業を始め、うまくいったことはあるでしょうか。

おそらく、ほとんどないはずです。

よくあるのは、始める前についついスマホやテレビを見てなかなか体が動かず、いざ始めてもネットを見て時間をつぶしたり、電話がかかってきて手が止まったりしてしまうパターンです。

目標どおりに進むことはなく、気づけば時間だけが経過している――誰でもこうなった経験があるでしょう。

これまで書いてきたとおり、やりたくないことをやるのは大変なエネルギーが必要

です。

勉強はもちろん、ダイエットが成功しないのも、お金がたまらないのも、「嫌なことに積極的に取り組まなければならない」という大きなハードルが存在しているからです。

そして、そのハードルは意志の力で越えることが難しいのです。

そこで、対策の一つとしておすすめしたいのが、「**物理的に制約をつくること**」です。

わかりやすいのは、引っ越しの準備や片付けです。

荷物を整理するうちに、好きだったマンガを読み始めてしまったり、昔のアルバムが出てきたりして、一向に整理が進まない、ということになりがちです。

人間は誰しも、誘惑に弱いものです。

片付けが面倒だと感じているときに、面白そうなものが目につけば、ついつい手が伸びてしまうでしょう。

一方、同じ作業をしていても、片付ける対象が、タイ語やアラビア語など、読めない言語で書かれた本であれば、手が止まることは少なくなるはずです。

気を引くものが近くになければ、集中が阻害されるきっかけは減ります。

スマホやテレビも同じです。

手の届く距離にスマホ本体やテレビのリモコンがあれば、触りたくなるのは当然です。勉強していると徐々にストレスがたまり、ネットやテレビを見たくなります。「ちょっとだけ」という気持ちで見始めると、気がつけば予定より長く休憩してしまうことになりやすいです。

集中するために、勉強する時間は、**触りたくなるものはなるべく目につかない場所に置いたほうがよい**のです。

集中の邪魔になるもの

具体的に、集中の邪魔になるものの種類ごとに対策を考えてみましょう。

まずは、ゲーム機やマンガなどの娯楽品です。

私は子どものころからゲームが好きで、いまでも毎日のようにプレイしています。RPGが中心で、最近は『真・女神転生V』や『龍が如く』シリーズの過去作で遊んでいます。

また、この原稿は自宅で書いており、『ドラゴンクエスト』の2や3のRTA《リアルタイムアタック》動画を見ながら内容を考えています。かつて『ウイニングポスト』にはまって、公認会計士試験に挫折したのはお伝えしたとおりです。

そのほかにも、サッカーゲームの『ウイニングイレブン』にはまって大失敗した経験があります。

それは、はじめて挑戦した司法書士試験の3日ほど前だったように記憶しています。順調に勉強が進んでおり、模試の結果も上々で、合格の手ごたえもありました。『ウイニングポスト』の反省を踏まえて、ゲーム機はさらに厳重に封をし、普段は開かない収納スペースの奥にしまっていました。

本番を目前に控え、魔が差したとしか言いようがありません。

過去の教訓が生きることはなく、「今日くらいはいいだろう」という気持ちになり、封を解いてしまいました。

久しぶりにプレイするゲームは面白く、時間を忘れてのめりこみました。

それから本番まで、私がテキストを開くことはなく、試験会場に向かいました。

資格試験では、微妙な知識の差で、合否が分かれることが珍しくありません。確実に覚えていたはずのことがあいまいになり、正しい解答を選べずに、致命的な失点をしてしまうことがあります。

そのため、直前の追いこみはとても重要です。あいまいだった知識を確認し、点を取れる武器に変えることができます。

このときの私は、試験直前の3日間で知識の確認を行わなかったため、それまで確実に覚えていた知識が少しずつ抜けてしまい、記憶が怪しくなっていました。

本番の試験では、それまでの模試では間違えたことのないような問題も、自信をもって解答することができませんでした。必然的に模試より時間がかかり、余裕がなくなって焦る気持ちが募っていきます。

司法書士試験は午前の部と午後の部があり、どちらかで基準点に達しなければその時点で不合格になります。

午後は気持ちを立て直して目標どおりの点を取れたものの、午前中の得点が伸びず、足切りで不合格になりました。


では、どうすればよかったでしょう。

おすすめしたいのは、**所有をやめてしまう**ことです。

私の場合だと、司法書士試験の不合格が決まってから、家にあるゲーム機を売却しました。

疲れたときも、ゲーム自体が手元にないのでありません。

これで誘惑に負けることはなく、翌年は無事に合格することができました。

このように、娯楽品は売ったり知人にあげたりして、受験期間中は手元からなくしてしまうことが一番の対策になります。

スマホはどうすべきか

続いて、スマホなどの必需品です。

これらは娯楽品と異なり、所有しないという選択は難しいです。スマホがなければ、仕事や生活に大きな支障が出てしまいます。そのため、それらに**影響が出ない範囲で機能を制限することが現実的**でしょう。


具体的には、アマゾンプライムやネットフリックス、DAZN《ダゾーン》などのコンテンツを見られるサービスはなるべく解約したほうが良いように思います。

スマホのゲームは基本的にアンインストールし、課金もできないように制約をかけましょう。

さらに、毎月の契約ギガ数を極力少なくし、娯楽のために使用するにはなるべく不便にするとよいでしょう。

家で勉強する場合は、思いきってスマホの電源を切り、勉強する部屋からなるべく遠い場所にしまっておきましょう。

図書館や自習室で勉強する場合は、家に置いていったり、コインロッカーに預けたりしてから勉強すると、集中しやすいと思います。

通勤や仕事の休憩時間に勉強する場合は、電源を切ってカバンの最深部にしまっておくとよいでしょう。

理想は、勉強道具以外何もない空間

他にも集中の邪魔になりそうなものがあれば、なるべく目に入らないようにレイアウトを変更しましょう。

少しでも意識が向いてしまうと、気になってしまい、内容が頭に入りにくくなります。

理想的なのは、勉強道具以外は何もない空間に、一定時間拘束されるという状

況です。

私の場合だと、それが通勤電車でした。

当時のスマホはスペックが低いためインターネットはほとんど見られず、楽しめる持ち物もないので、自然に毎朝テキストを開くことができました。


テキストや問題をスキャンして電子化し、タブレットなどで勉強している人も多いと思います。

しかし端末がインターネットにつながっていれば、ＳＮＳのメッセージやニュースが目に入ってしまいます。

新しい情報に影響されずに勉強できる人であれば問題ないでしょうが、私はもともと注意散漫な傾向があり、すぐに集中が削がれてしまうタイプです。同じような特性を持つ人は、デジタルツールを使って勉強する場合は注意しましょう。

もし使用する場合は、勉強時間中はインターネットに接続しないなどの対策をするとよいでしょう。


私は誘惑に勝つ自信がなかったので、テキストや問題集はすべて紙のものを選び、徹底的にアナログの環境で勉強していました。

その場合は、テキストと問題集が相当な量になり、通勤カバンがとても大きくなってしまいますので、不便にはなります。

同じ時間をかけても、集中していたかどうかで効率は異なり、合否にも大きく影響します。

自分の性格に合わせて、物理的に集中できる環境をつくることを考えましょう。

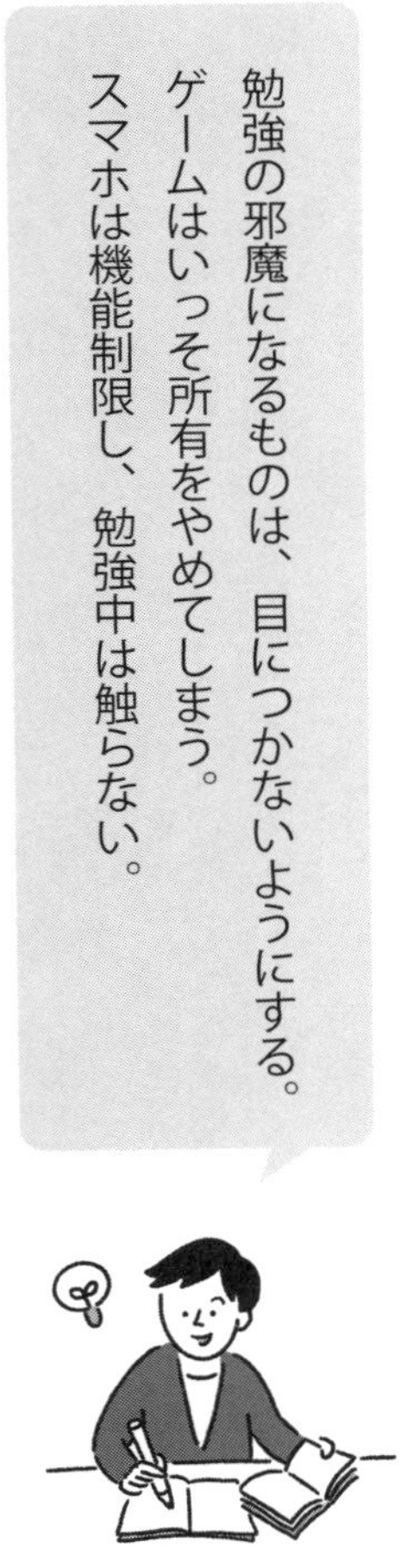

勉強の邪魔になるものは、目につかないようにする。
ゲームはいっそ所有をやめてしまう。
スマホは機能制限し、勉強中は触らない。

5 定時で帰って勉強時間をつくる

結局、「定時で帰る」が最強

集中できる完璧な空間をつくったところで、勉強する時間がなければ元も子もありません。

時間をつくりだすのは、独学において非常に重要なテーマの一つです。

以降、勉強時間を捻出する方法を、三つに分けて紹介していきます。

最初となるこの項目では、「定時に帰る」という、もっとも効果のある時間術について解説します。

●公認会計士の合格者の内訳（令和3年）

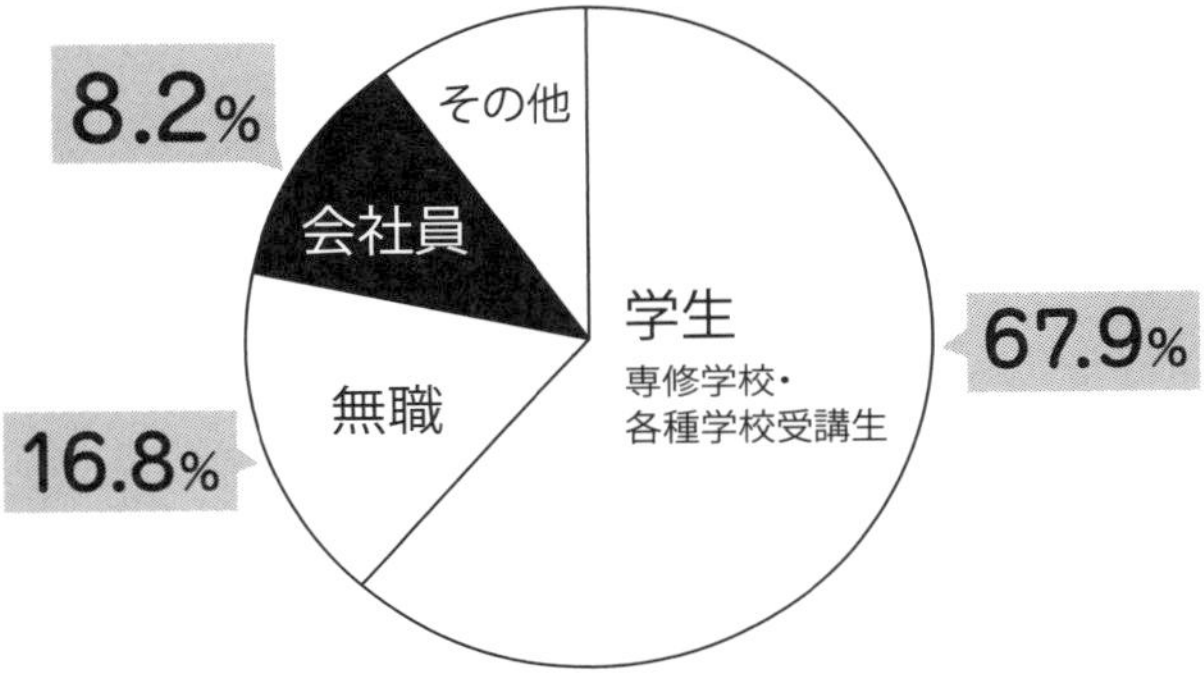

⇒ 時間のない会社員は圧倒的に不利

社会人は専業の受験生に比べると時間がありません。仕事で精神的にも体力的にも疲れるので、集中力も続きません。

弁護士や公認会計士などの難関資格を目指す場合、受験層の大半は専業の受験生か、単位を取り終えて負担の少ない学生になります。

令和3年の公認会計士試験で見ると、最終合格者1360人のうち、「学生、専修学校・各種学校受講生」は924人（構成比67・9％）を占め、「会社員」は111人（構成比8・2％）でした。

社会人は勉強時間では勝てないので、効率よく勉強することが合格のポイントです。

ルーティンをつくる大切さは、これまで

伝えてきました。

勉強にあてる体力と集中力を残すためにも、ルーティンを崩さないためにも、決まった時間に勉強を始めることは重要です。

そのためにも、意識的に**定時で仕事を終えることが重要**なのです。

たとえば、公認会計士試験の合格には、最低でも3000時間の勉強時間を確保する必要があるといわれています。

2年で合格する目標をたてるなら、休みをまったく取らないとしても、1日約4・1時間は勉強しなければならない計算です。

効率と翌日への影響を考えると、平日は24時には布団に入ることが望ましいです。

そうすると、18時に仕事を終えたとしたら、寝るまでには6時間しかありません。

仮に、終業までは勉強しない前提でスケジュールを考えてみましょう。

この場合、夕食や入浴など、生活に関わることをすべて2時間以内で終わらせ、残った時間をすべて勉強にあてなければ間に合いません。

これでも相当に無理があります。残業があれば、勉強にあてられる可処分時間はさらに減ります。

時間がなくなれば、それに伴って合格する可能性も低くなります。いかに定時で帰ることが重要か、よくわかると思います。

どうしても、残業が続いてしまう環境の人もいるでしょう。

その場合は、転職を検討してもよいかもしれません。定時で仕事を終え、勉強時間を確保するには、環境づくりも大切です。

難関試験に受かれば、人生は大きく変わります。

「絶対に合格する」という強い意志があるならば、**勉強できる環境を優先して、転職することも現実的な選択**でしょう。

「仕事の進め方」を変えよう

続いて、実際に定時後すぐに集中して勉強する方法を考えましょう。

その日に終わらせる仕事が残っていれば、残業をする可能性が高くなります。また、定時に仕事を終えられるとしても、心身が疲れてしまうと、回復するまで勉強のスイッチを入れることができません。

望ましいのは、やるべきことを終え、疲れていない状態で仕事を終えることです。

そのためには、仕事の進め方についても、メリハリをつくることが必要です。


まず、**その日のうちにやるべき仕事は午前中に終わらせましょう**。

私は独立前、新聞記者、化学メーカーの経営企画部門、海運会社の経理部門、会計事務所、監査法人などで働いていました。

業務内容は様々でしたが、どの職種でも、

① その日のうちに終わらせなければならない仕事
② 一定の期日までに終わらせなければならない仕事
③ 期日はないものの、継続して成果を求められる仕事

の3種類がありました。

このうち、①を終えていなければ残業になるのは当然です。また、②についても指定の期日までに終えなければ残業になります。

このほかにも、突発的な事由で残業が発生することがありますが、頻度は多くないでしょう。

定時で帰るためには、①と②の作業を優先的に進めることが必要です。

また、定時後にすぐ集中して勉強するためには、午前中は仕事に集中することが必要です。

勉強に力を割けるよう、午前に負荷をかけて業務を処理し、午後は回復しながら翌日以降の準備をするというサイクルをつくれれば、学習効率が高まるでしょう。

具体的に説明すると、①の代表例は、新聞記者であればその日に発生した事故などの記事執筆、経理部門であればその日に入出金する伝票処理などです。始業時間になったら、これらに類似する業務を最初に処理しましょう。

①が終わったら、②を優先的に行います。

可能な限り、**仕事のピークを午前中につくりましょう**。昼休み前に、終業前より強い疲労を感じるくらいが目標です。

昼食を食べてリフレッシュしたら、昼休みも勉強しましょう。外食をしなければ、30分ほど机に向かうことができます。短いですが、社会人受験生にとっては、貴重な時間です。

午後は突発的な業務の発生に備えつつ、③を中心に時間を使います。個人的な経験を踏まえると、午前中にノルマを終えていれば、精神的にも余裕が生まれ、業務の質も高まるように思います。

残っている作業のうち、面倒だと感じているものから手をつけましょう。ついつい先送りしたくなるものの、放置すると急な対応を迫られる可能性が日増しに高まっていくため、少しずつでも先に処理したほうが良いでしょう。

③の具体例は、職種によって異なりますが、新聞記者であれば連載の企画書などが該当します。上司に突然、「そういえば、あれはどうなってるの」と聞かれがちな業務を想像してみてください。

午前に比べて、**午後は仕事のペースを落としましょう**。体力と精神力を回復させ、退社後すぐに勉強のスイッチを入れるためです。翌日以降にやるべき仕事の準備をしつつ、あえて意識的に集中を切る時間をつくって、疲労を定時まで残さないことが大切です。

とくに、定時1時間前からは、少しずつその日に行う勉強の内容を考えるようにして、徐々に気持ちを切り替えるとよいでしょう。

しれっと定時で帰る

そして、いよいよ定時になったら、強い意志を持って席を立ちます。

近くの人が誰も帰らなければ少し目立ってしまいますが、堂々と帰りましょう。

このとき、ノルマを終えていなければ、上司や同僚から怪訝《けげん》な目を向けられてしまいます。

信用も落ちて人間関係が悪くなり、仕事がしづらくなる危険性もあります。そうするとストレスがたまりやすくなり、勉強にも悪影響が出るようになります。

やるべきことは必ず終わらせておき、文句を言われないようにしましょう。

誰よりも早く退社するのは、最初は少々勇気がいります。

ですが、「**仕事が早く、定時にすぐ帰るキャラ**」を確立してしまえば、そのうち誰も気にしなくなるはずです。

残業代を発生させないことは人件費抑制にもなり、まったく悪いことではありません。残業に対する風向きも変わっており、労働時間ではなく成果で評価する流れはより強くなっています。

資格試験は、可処分時間を意識的に長くすることで合格率を高められます。自分自身の働き方を改革し、効率よく勉強できる環境を整えましょう。


定時で帰るためには、「転職」も視野に入れる。

仕事にメリハリをつけ、時間と体力を勉強用に温存。

職場では「定時で帰るキャラ」を確立しよう!

❻ 早起きして勉強時間をつくる

朝中心か、夜中心か

時間づくりの二つ目は、朝に時間をつくるか、夜に時間をつくるかです。

勉強スタイルには、大きく分けて、朝中心と夜中心のタイプがありますが、このうち、**朝の勉強を重視する**ことをすすめます。

さらに言えば、早起きして学習時間のなるべく多くを朝のうちに終えることが効率的です。

悪いパターンから考えてみましょう。

日中は仕事に集中し、19時半に帰宅、夕食と入浴を終え、21時から勉強するとしましょう。翌日も仕事があり、7時に起床するならば、遅くとも午前1時には寝たほうがよいでしょう。

そうすると、勉強時間が最長でも4時間しかとれません。


仕事を終えると、普通はとても疲れています。お腹いっぱいになって体が温まると、徐々に眠気が襲ってきます。テキストを読んだり、問題を解いたりしていても、集中できずに時間だけが過ぎてしまいがちです。

また、夜は多くの人が休んでいる時間帯です。

面白いチャンネルの生配信も夜に行われることが多いですし、飲み会や友人との食事に誘われることもあるでしょう。

そのような誘惑と戦いながら、机に向かうことは精神的にもつらいものです。

頑張りすぎもよくありません。障害に打ち勝って順調に勉強できたとしても、深夜まで勉強すると翌日に響きます。

始業時間を自分の都合で遅らせることはできないので、勉強する時間が長くなると、睡眠時間を削ることになり、仕事中に眠くなってしまいます。

そうすると、ミスにつながってストレスがたまり、仕事での疲労が増加します。疲れとストレスで勉強にも集中できなくなり、悪循環に陥ってしまいかねません。

このように、**社会人が夜中心で勉強するには、様々な困難があります**。これらに負けずに勉強を続けるには、鉄のように固い意志が必要です。

別の視点で考えると、夜は自分でコントロールできない突発的な事態が起こりやすいことも問題です。

もっともわかりやすいのは残業です。

定時で帰るキャラを貫いていても、ときにトラブルが起こった場合は、残業をせざるをえません。

そのような日が何日も続くことがあれば、勉強のノルマを果たせない日々が続いてしまいます。

そうすると、学習効率が下がってしまいます。

このように、社会人が夜中心の勉強をするには、困難な点が多数あります。

「朝に勉強する」の利点

それに比較しておすすめしたいのが、早起きして朝中心に勉強するスタイルです。

一番のメリットは、**もっともフレッシュな状態で勉強に取り組める**ことです。

頭の回転が夜に比べて速くなるので、問題を解くスピードも上がりますし、テキストを読んだときに記憶にも残りやすいです。眠気に耐えながら勉強するより、学習効率が高くなります。

また独学の場合、くじけそうなときに助けてくれる先生はいませんし、励まし合える仲間もいません。専門学校などに通う場合と比べて続けられなくなりやすいので、精神的に余裕のある、疲れていない時間帯を中心に勉強するほうが、負担は少ないでしょう。

これは誤解している人が多いのですが、**難関資格試験において重要なのは、暗記ではなく理解**です。

すべての論点について暗記するのは不可能なので、根底にある原理原則を理解し、問われている内容について、理解している事項をもとに、その場で応用して答えを導くことが、得点につながります。

ですから、質の低い勉強を積み重ねることより、集中して論点の本質を理解するように努めることが、合格への近道です。

疲れている夜よりも、朝のほうが勉強の質が高くなることは、言うまでもありません。

第二のメリットは、**時間制限があるので集中できる**ことです。

夜は自由時間のため、ついだらだらしてしまいがちです。

朝は始業時間から逆算して家を出る時間を動かせないので、起きた瞬間から残り時間が明らかになります。5時に起きて7時に家を出るルーティンだと、出社準備を30分で終えるとしたら、1時間半の時間を確保できます。

疲れていない状態で、ゴールがあらかじめ見えていることから、比較的集中しやすいと言えます。

第三のメリットは、**ルーティンを崩されるケースが少ない**ことです。

早朝は夜勤のある会社や24時間営業の店舗を除いて、多くの人が仕事をしていません。

日中が業務時間である会社に勤めていれば、海外部門への対応など例外的なケースを除いて、仕事に時間を割くことはとても少ないでしょう。

また、魅力的なコンテンツの配信も少ないため、勉強の邪魔になる誘惑もありません。

そのため、一度早起きして勉強するルーティンを確立できれば、夜に比べて定期的な習慣をつくりやすいはずです。

このような理由から、仕事と勉強を両立し、独学で勉強する社会人受験生にとっては、朝中心の勉強が効率的だと思います。

朝1時間の勉強で、宅建取得

個人的にも、早起きしての勉強で成功した経験があります。

2016年、私は、いつか使うかもしれないと考えて、宅地建物取引（宅建）の試験を受験することにしました。

当時は独立開業した直後で、朝から晩まで休む暇がなかったため、勉強時間は朝6時から7時までの1時間に限定しました。

●宅建取得時のタイムスケジュール

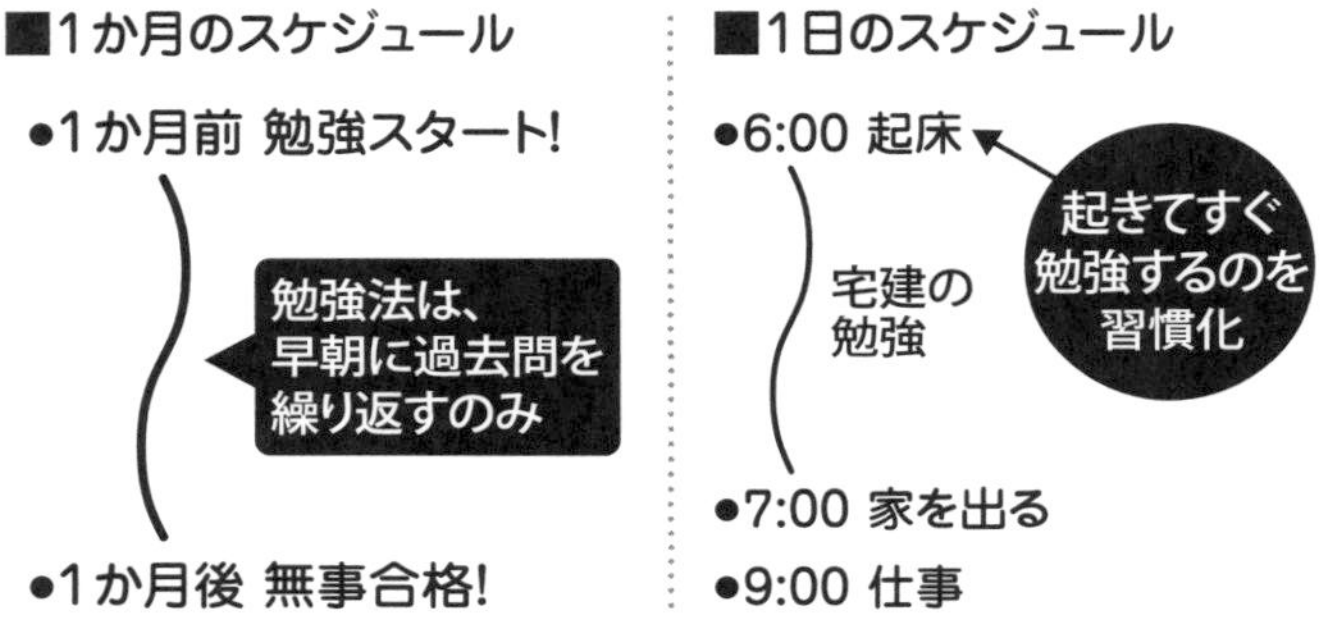
■1か月のスケジュール
●1か月前 勉強スタート!
勉強法は、
早期に過去問を
繰り返すのみ
●1か月後 無事合格!
■1日のスケジュール
●6:00 起床
起きてすぐ
勉強するのを
習慣化
宅建の
勉強
●7:00 家を出る
●9:00 仕事

⇒この勉強法で、たった一か月で宅建取得!

開業前の準備で時間が取れず、試験1か月前にようやく試験勉強を開始する状況でした。

試験範囲は民法や不動産に関する法律など、おおむね学習経験のある分野が多かったものの、忘れていた論点もあり、短い準備期間で対応することは大変でした。

できる範囲は限られるため、対策は過去10年ほどの過去問のみとし、それだけを毎日繰り返しました。

とても忙しかったものの、定期的に勉強するリズムをつくることができ、合格点ぎりぎりでなんとか合格しました。

現在、新たな事業として、宅建業を開業する準備を進めています。

いつ使うか未定だった免許ですが、取得

しておいてよかったと思います。

早起きが苦手な人へ

このように、メリットの多い早起きと朝勉強ですが、体質的に朝が苦手な人も多いかもしれません。

私も若いころは早起きが苦手で、大学時代は10時半からの授業に出席することができず、ドイツ語の単位を5年連続で落としていました。

振り返ると主な原因は、

① 単純に寝るのが遅い

② 朝寒くて布団から出られない

の2点だったように思います。

単位を取るために大学へ行かなければならないことは理解していましたが、眠気と温かい布団の誘惑に勝てず、2回留年しました。

社会人になってからは、夜は決まった時間に寝るようにし、眠い朝は体を温めるために白湯《さゆ》やお茶を飲むようにしています。

また、目覚ましを最低3つかけて強制的に目を覚ますようにしたところ、遅刻することはほぼなくなりました。

私と同じ理由で遅刻しがちな人は、試してみてください。

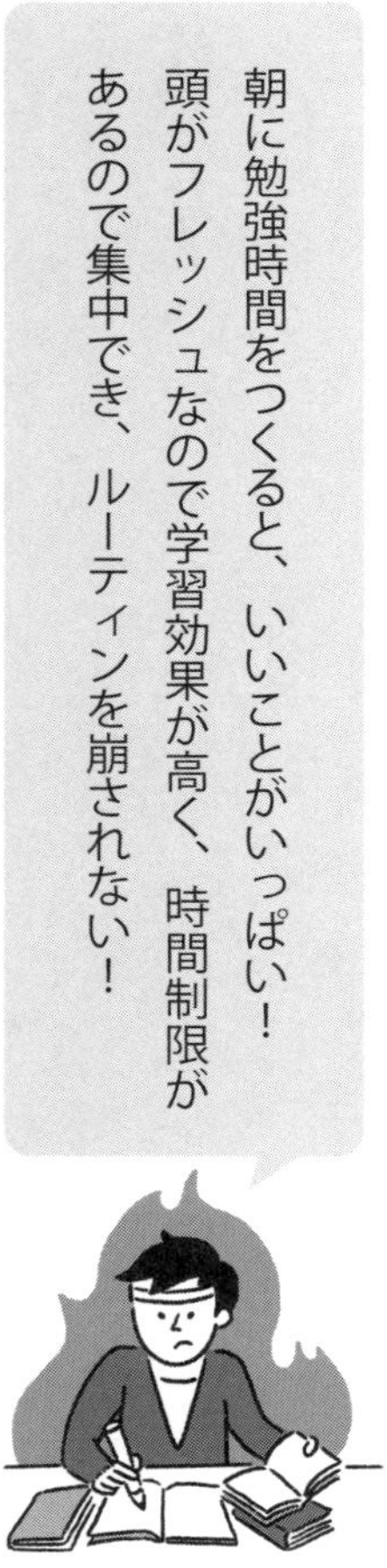
朝に勉強時間をつくると、いいことがいっぱい！頭がフレッシュなので学習効果が高く、時間制限があるので集中でき、ルーティンを崩されない！

❼ 移動時間を、勉強時間にする

移動中にできる勉強とは

時間づくりの最後。移動時間に勉強時間にする方法についてです。

通勤電車の中で勉強するというと難易度が高く感じるかもしれませんが、うまく環境を整えると、理想的な勉強空間をつくりだすことができます。

資格試験の勉強に、テキストを読んで内容を理解するインプットと、理解した内容を使って問題を解くアウトプットがあるというのは、「物理的制約をつくる」の項目の際に指摘しました。

言うまでもなく、移動中にできることは限られています。

このうち、インプットに該当する、テキストや法律を読むことは可能です。

また、アウトプットとしては、択一問題を解いたり、文章で解答する種類の理論問題に取り組んだりすることもできます。

一方で、計算問題を解くことは難しいです。

というわけで、**移動時間はインプットや理論問題を中心に取り組みましょう。**

インプットの精度を上げる

87ページで書いたとおり、インプットの大前提は、**覚えることではなく理解すること**です。

難易度が高くなるほど、試験範囲は膨大になり、これらの内容をすべて覚えることは不可能です。

また、暗記に頼って趣旨や前提にある考え方をわかっていないと、問われ方の角度が変わった応用問題に対応できない可能性があります。

そして、テキストは漫然と読んでいても理解できません。内容を頭の中でかみ砕きつつ、少しずつわかりやすい言葉に変換していくことが求められます。

最終的に、内容を自分の言葉で表現できるようになれば、その論点は理解したと言えるでしょう。

膨大な試験範囲に対応するには、**記憶の中に目次をつくる**ことが大切です。

テキストや条文の順序どおりに覚えることは必要ありません。

特定の論点について、どのあたりに内容が書いてあって、ほかの論点とどのように関係するかを、自分なりに整理することが目標になります。

問題を見た瞬間に、「これはあの辺に書いてあったな～」と思い出せれば十分です。

そうすると、問われている内容を記憶から取り出しやすいので、解答にかける時間を減らすことができます。

試験本番までに、自分なりの目次をつくり、瞬時に記憶を取り出せるようになることを目標にしましょう。

やるべき勉強を取捨選択する

また、資格試験の種類によっても、インプットの精度を変えるべきです。私が受験したものでも、試験によって合格水準が異なります。

たとえば、行政書士試験は絶対評価です。科目ごとに足切り基準が設定されるほか、試験全体の得点が、300点満点中180点以上を取ることが条件になります。

つまり、6割の問題に正解すれば合格できることになります。

それに対し、司法書士試験や公認会計士試験は相対評価です。どちらも、受験生全体の得点によって、合格基準点が変わります。

そのなかで、司法書士試験は比較的高い正答率が求められます。

最近は受験者が減少傾向にあり、難易度が落ちているような印象ですが、私が受験していた2013年前後までは、択一試験では9割近く正解しないと合格が難しい状況でした。

実際、私が合格したときは、午前午後とも、35問中32問正解しました。

これでも、合格者の中では上位ではなかったので、精度の高い知識が求められていたことがわかります。


一方、公認会計士試験のうち、二次試験にあたる論文式試験は、年度や科目によっても異なりますが、体感では、半分ほどの問題に正答できれば、合格者の平均とそう変わらないような印象です。

詳細な採点基準は公表されないので正確なことはわかりませんが、少なくとも2〜3割の問題に不正解であっても、合格は可能であるように思います。


このように、資格試験とひと口にいっても、正答すべき問題の割合が異なります。

そうすると、求められる知識の精度も変わるので、勉強方法にも影響します。

高い正答率を求められる試験であれば、試験範囲のなかで捨てる論点をつくることは難しくなります。1問の失点が合否に大きく影響するからです。

逆に、それほど高い正答率を求められない試験であれば、出題可能性が低いと判断する特定の論点については、まったく勉強しない選択も考えられるでしょう。万が一、その分野から出題があっても、他の問題に時間をかけてカバーすることが可能だからです。

試験の傾向をつかみ、取捨選択を行ったうえで、移動時間のインプットを行いましょう。

事前にこれを行うと、本番までに求められるレベルを把握することができます。そうすると、必要な知識の精度もわかりますし、捨てる論点があればほかの頻出論点に時間をかけることができます。

何度か述べてきたように、独学の社会人受験生には時間がありません。よほど頭のよい人でなければ、1回テキストを読んだり、問題を解いたりしただけで、論点を理解することはできません。

知識を自分の血肉にするためには、同じところを何度も何度も繰り返し読み、同じ問題を解いて、自分の言葉で説明できるようにすることが必要です。

なぜそのようなルールになっているかの背景を考えながらテキストを読みこむと、理解が早まるでしょう。

移動中の勉強に合ったテキスト

もう一つ、重要なポイントがあります。

移動時間のインプットを効率化させるためには、テキスト選びが重要です。

理想は1科目につき1冊です。

そして、平易な言葉で書かれており、薄いながらも試験範囲を網羅している優秀なものを選びましょう。

社会人の独学受験生が避けるべきなのは、分量が多く、難しい言葉で書かれている本です。

具体的には、大学の研究で使うような、ハードカバーの分厚い本です。

このような本は学問研究には必須だと思いますが、時間のない受験生には向いていません。

理由は単純で、読むのに時間がかかるからです。

詳しくは次項で述べますが、テキスト選びは試験の合否を分けるほど重要なので、情報収集を怠らないようにしましょう。

これを踏まえて、合格までに必要なテキストを整えたら、あとは徹底的にそれを読みこみます。

ルーティンをつくり、毎日同じ分量を読み進めていければ望ましいです。

最初は内容がわからないため読み終えるのに苦労しますが、二周、三周と繰り返すうちに、読むスピードが自然に上がっていきます。

「速く読む」ということはとても重要です。

なぜなら、速く読めば読むほど、周回のスピードが上がり、同じ論点に触れる機会が多くなるからです。

多くなれば、必然的に理解が進みます。

社会人の独学受験生は、専業受験生に絶対的な勉強時間ではかないませんので、スピードを重視して学習効率を高める方向性を目指しましょう。

私が受験していたときは、司法書士試験と公認会計士試験は、インプットとアウトプットを並行して行い、10日ほどで試験範囲を一周するペースで勉強していました。

行政書士試験も同様の条件で、5〜6日で一周していたように記憶しています。

移動中にアウトプットする方法

続いて、移動時間にアウトプットの学習を行う方法についてです。

こちらも、基本的なことはインプットと同様です。

事前に試験本番で求められるレベルを把握します。

そのうえで、問題集は過去問を中心に、コンパクトに収まった1冊を選ぶとよいでしょう。

解くべき問題は、**圧倒的に過去問を重視すべき**です。過去10年分ほどの過去問をマスターできれば、合格にはそう遠くないはずです。

もちろん、未出題の論点が出ることもあります。しかし、過去問と頻出の論点を理解しているのにまったくわからない問題が出たとしたら、ほかの受験生も大半は解けないはずです。

従って、合否には影響しません。

過去問は出題実績のある重要論点なので、まずは一定期間の過去問を完璧に理解し、余裕があれば未出題の論点についても、手を出すことをすすめます。

ただし、例外もあります。

法令や会計基準などが変わり、新たなルールに沿って試験範囲が変更された場合です。重要な新論点は出題可能性が高いので、過去問になくても漏らさず理解しておく必要があるでしょう。

アウトプットの学習も、インプットと同じくスピードを重視しましょう。同じ問題であっても、解くたびに、より内容がわかるようになります。

注意すべきは、「**わからない問題があったらすぐに解答を見ること**」です。

ちょっと考えてもわからない問題は、時間をかけて考えてもわかりません。時間をかけると学習効率が落ちてしまうので、すぐに解答を見て、時間を節約しましょう。

そのうえで、二周目以降に解答を見なくても答えを導けるように、内容を記憶に留められる努力をしましょう。

二周、三周、と繰り返しても同じ問題を間違えるようであれば、重点的にその論点を学習すべきです。

このように、移動時間に工夫をすれば、充実した学習時間を確保できます。

私の経験でも、ＴＯＥＩＣや行政書士試験については、ほぼ移動時間のみで学習していたように思います。

まずはテキストをカバンにしまうことから始め、移動時間を有意義な時間に変えることをおすすめします。

移動中にできる勉強は、テキストを読むインプットと、簡単な問題を解くアプトプット。持ち運びに適した薄いテキスト・過去問を何度も周回しよう！

❽ マニュアルを手に入れる

「合格者ブログ」は高速道路

「とりあえずやってみる」は、時に正しい場合もあります。

しかし、スケジュールと予算に余裕がない社会人の独学受験生にはあまりおすすめしません。

学習を効率化するためには、事前の仕込みが大切です。

方針を決めずに勉強を始めるのは、目的地を決めずに走りだすようなものです。時間の余裕がない人にとっては、致命的な遠回りにつながる可能性があります。

一方で、計画に時間をかけすぎると勉強開始が遅れてしまい、それも合格の可能性を低下させてしまうでしょう。

そこでおすすめしたいのが、**すでに合格した人の体験を、マニュアル代わりに参考にする**ことです。

独学で合格した人が、体験をブログにしていることがあります。

「独学」「合格」と目標試験の名前をあわせて、検索してみましょう。極めてマイナーな資格を除いて、いくつかの体験記が見つかるはずです。

体験記には、実際に挑戦して合格した人のノウハウが詰まっています。合格者が頭を悩ませた経験がつづってあり、有用な情報にあふれていますので、効率化のために役立てましょう

ブログを利用する際の注意点

いくつか注意すべき点もあります。

まず、**合格者の一次情報のみを参考にすべき**だということです。

先ほどのキーワードで検索すると、実際に受かった人の体験記だけでなく、合格していない人が書いた記事もヒットします。

それらは通常、自らの体験や分析をまとめたものではなく、インターネット上の情報を集めて作成したものです。

そのため、情報の精度は低く、誤っている内容もたくさんあります。

合格していない人の情報を参考にすると、逆に合格から遠ざかってしまうこともありえます。誰が書いているかに気をつけながら、内容を確認しましょう。

見分け方は、記事を書いた人のプロフィールです。

実際に合格した人は、たいていの場合、「○○年に○○試験に合格しました」と、事実を踏まえて自己紹介を記載しています。それがなくても、記事の冒頭に合格した旨を記していることが多いです。

合格していない人の記事は、それらの記載がなく、文末が「○○らしい」「インターネットで検索すると~」など、引用やあいまいな表現を多用しています。

合格した人は、「私が合格したときは~」など、自らの体験であることを明示しているケースが多いです。

これらの点を確認し、参考にすべきサイトをピックアップしましょう。

続いて、情報を鵜呑みにしすぎない、ということです。

人間は一人ひとり、体型も性格も、置かれた環境も違います。

格闘技で技を増やすときに大事なことは、その技が自分に合うかを考えて取り入れることです。私は足が長いほうではないので、身長が高い人の技はマネできません。取り組もうとしても、ムダな努力に終わる可能性が高いです。

独学も同じです。

誰かが合格したという体験記は、その人にとって向いていた勉強法や、合っているテキストをまとめた情報に過ぎません。

その方法をコピーして実践しても、全員が合格できるわけではありません。

自分にそれが合うかは未知数ですので、１００％同じことを行っても、合格できるとは限らないのです。

合格者の体験から有用な情報を拾い上げ、自分に合うものを吸収することが大切です。

また、合格者の属性にも注意しましょう。

たとえば、法律系の資格なら、大学の法学部を卒業していれば、初学者よりもアドバンテージがあります。卒業までにひと通りの科目に触れる機会があり、用語に関してもある程度理解した状態でスタートできるからです。

私が公認会計士試験に合格した際は、簿記1級と司法書士試験に合格していたほか、仕事で5年近く上場企業の経理部での勤務経験がありました。そのため、試験科目の会社法や会計学、民法などについては、かなりの知識を備えており、大幅に勉強時間を短縮できました。

公認会計士試験には、司法書士試験からほぼ1年後に合格しましたが、まったくの初学者であればもっと時間がかかったことは間違いありません。

このように、同じ独学合格者であっても、スタート地点が違う場合があります。

そのため、合格体験記をよく読み、**自分に近い属性の人を参考にしましょう**。

これらの点に注意しながら、合格者のブログを読みこみましょう。

基本的にこの作業は、試験への挑戦を始める前に行うことをおすすめします。

スタート前に大まかなプランを決めることで、誤った方向に努力することを防げます。

また、勉強を始めてからも、定期的に参考になるブログをチェックしましょう。

順調に努力を続けていても、実力が伸びないなど、壁に当たることがあります。

その場合、合格者が過去に同じ悩みを持ち、解決する方法を見つけている可能性があります。

一人で悩んで乗り越えるよりも時間短縮になるので、行き詰まったときも合格者の経験は役に立つでしょう。

テキスト・問題集の選び方

合格者ブログで収集すべき情報は多岐にわたりますが、なかでも重視すべき内容を挙げていきます。

最初に調べたいことは、使うべきテキストや問題集です。

何人かの体験記を読んでいると、合格者が共通して使用している定番のものがわかってきます。

候補となるテキストを選んだら、実際に書店で手に取ってみましょう。

合格者が実際に使っていたもののうち、**なるべく薄く、スムーズに読める本を選びましょう。**

テキストは一度決めたものを変更すると、お金もかかりますし、時間も余計にかかります。決めたものを本番まで使うことが望ましいので、慎重に検討したほうがよいでしょう。

テキストや問題集は合格に大きく影響します。

時間をかけて集中し、しっかり比較検討しましょう。

私が司法書士試験を受験した際、最初の挑戦では合格者の評判のよかったテキストを選びました。

勉強を始めてからひと月ほどで、読んでいて引っかかる部分が多くなり、なんとなく違和感を覚えるようになりました。

テキストを買い直すお金と時間がもったいないと考えて、そのまま試験本番まで使用を続けたものの、違和感は解消されませんでした。結局、ほかにも要因はあったものの、そのときの挑戦は失敗しました。

二度目は、合格者の意見を鵜呑みにせず、自分により合いそうなテキストに変更したところ、すらすらと読めるようになり、学習効率が上がりました。

二度目の試験は、少し余裕のある順位で合格できたので、ほかにも落ちる要因があったことは否定できませんが、少しの手間を惜しんだことで大きく損をしてしまったような気もします。

私のような失敗をしないためにも、テキスト選びは集中して、慎重に行いましょう。

とはいえ、**多くの合格者が推薦しており、自分にとって読みやすいもの**であれば、おおむね大丈夫だと思います。


なお、**テキストは最新のものを購入すること**をおすすめします。

資格試験の前提となる法律やルールは、定期的に変更されます。科目によっては、毎年変更されるものもあります。たとえば、税法は「税制改正の大綱」が毎年末に公表され、必ず変更されます。

古いテキストや問題集はそれらの変更を反映できません。そのまま使用すると、努力して誤った知識を覚えてしまうことになりかねません。

過年度の書籍が安値でメルカリなどに出品されることもありますが、購入を検討する際は、内容の変更に注意しましょう。

その他、見習うポイント

続いて参考にすべきは、学習スケジュールです。

細かい人は、1日あたりの勉強時間、科目ごとに割り振った時間、模試の日程など、詳細なスケジュールを公表しています。

公表された学習記録は、それぞれが積み重ねた努力の結果であり、異なるスタート地点から、ゴールまでたどり着いた道のりの記録です。

やり方は異なるものの、合格したという結果は変わりません。

自分のモデルになりそうな合格者を見つけ、参考にしてスケジュールを組むとよいでしょう。

勉強を実行してみて無理がありそうなら、少しずつ自分に合うように修正して、続けられるオリジナルのスケジュールをつくり上げましょう。

もう一つ、参考にしたいのは、**失敗したところ**です。

合格者は勉強を振り返ったとき、「もっとこうしたほうが効率的だった」という点に気づきます。いらぬ苦労をしないために、合格者が失敗したことをあらかじめ調べておきましょう。

これは、いわば地雷を避けるためのプロセスです。

独学の社会人受験生は、時間にも費用にも制約がありますので、避けられる失敗をしないようにあらかじめ備えておきましょう。

私の場合だと、すでに書きましたが、司法書士試験の直前にサボってしまったことが大きな失敗の一つです。

ほんの少し我慢できなかったせいで、1年を棒に振ることになりました。

ぜひ同じ失敗をしないよう、試験が終わるまで気を抜かないでください。

定期的に模試を受ける

これらの事前準備を整えたら、いよいよ勉強を開始しましょう。

あとは、定期的に休みを入れつつ、続けることを最優先に努力を続けます。


勉強が進んできたら、定期的に模試を受けましょう。

独学者にとって、模試は客観的な実力を確認する絶好の機会です。

結果が出たら、合格者のブログを再び調べましょう。人によっては、模試の成績を記録していることがあるためです。

自分と合格者の成長曲線を比較することで、実力が順調に伸びているかを確認することができるでしょう。


実力が予定どおりに伸びているか、または予定を上回っていれば問題ありません。

しばらくは勉強を続けることに注力し、成長が鈍らなければ本番までペースを保つことを心がけましょう。

目標を下回っている場合は、軌道修正が必要です。

勉強時間が足りない、集中できていない、特定の論点に対応できていない、など原因は様々です。

自分だけでの分析には限界があるので、その際も、過去の合格者の記録を参考にすると、ヒントを得られる可能性が高いでしょう。

合格者のつづった記録を羅針盤とし、孤独な独学の日々を乗り越えましょう。

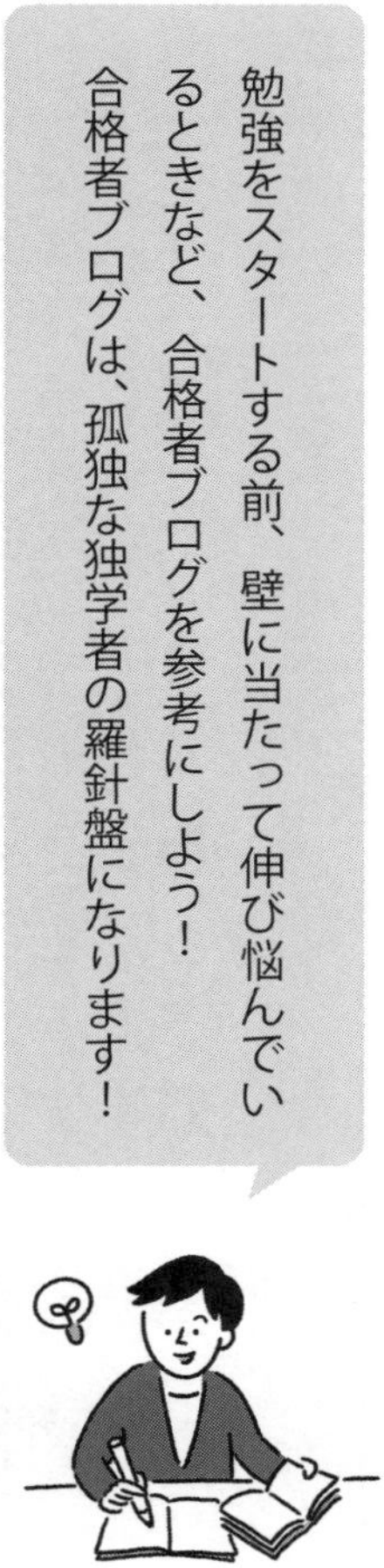
勉強をスタートする前、壁に当たって伸び悩んでいるときなど、合格者ブログを参考にしよう！
合格者ブログは、孤独な独学者の羅針盤になります！

❾ トライ＆エラーを繰り返す

質と量、どっちを取るべきか

失敗は成功のもと、という言葉は誰でも知っています。

発明家のエジソンは「失敗は積極的にすべき」という趣旨の言葉を残しています。

独学でもこれは当てはまります。

小さい失敗を繰り返し、そのたびに誤りを修正することによって、勉強や解答の方法が洗練されていきます。

時間が経過するほど、効率化が進み、質が高まります。

資格試験の勉強をするとき、理想は最初から質と量を両立させることです。広い範囲を深く理解することがもっとも望ましいです。

しかし、これは現実的には無理です。

なぜなら、勉強を始めてからしばらくの間は、理解を重視すると時間がかかって量をこなせず、量を重視するとわからない部分を調べる時間が取れないからです。

そのため、質か量かのどちらかをあきらめることになります。

その際に、**選ぶべきは、絶対に「量」**です。

質を優先するとどうなるか

初学者の場合、テキストに書いてある用語がそもそも理解できません。最初に読んだときは、日本語であっても意味がよくわからず、戸惑います。

その際に、用語を一つ一つ調べながら読んでいくと、読み終えるのに相当な時間がかかるはずです。

難易度が高い試験ほど範囲は広くなり、用語も難解になります。

司法書士試験や公認会計士試験は、テキスト、問題集、参考書籍をあわせると、20冊以上を使うことになります。

積み重ねると1メートル近くになったように記憶しています。

それらの本を読む際に、1冊1冊、時間をかけて丁寧に読んだらどうなるでしょう。

あっという間に月日が経ち、試験本番の日を迎えてしまうことになります。

また、じっくり読んでいると、試験範囲を一周するには相当な時間がかかります。

そのため、同じテキストを再び開くころには、一度目に理解したことはすっかり忘れてしまっているでしょう。


つまり、最初から質を優先してもあまり意味がないのです。

これは、落ち続ける人が陥りがちな、よくあるパターンです。

しっかり理解してから先に進もう、と丁寧にテキストや問題集に取り組むうち、時間をかけすぎて逆に効率を落としてしまいます。

まずは試験範囲を「一周」する

従って、最初に取れる選択肢は一つだけです。

質より量を優先し、まず試験範囲を一周することを第一の目標にすべきです。

さらに言えば、**読んでもよくわからないところはそのままにし、さっさと読み飛ばしてしまう**ことが効率的でしょう。

量を重視するといっても、質を軽視するわけではありません。

もちろん、わからない部分が多ければ合格は難しいので、試験本番までに穴を埋めるように、自信のないところを一つ一つつぶしていく必要があります。

何度も同じ論点を勉強していると、当然ですが理解が深まります。同じようにテキストに目を通しても、用語の意味や、関連する論点が自然に思い浮かぶようになり、書いてあることが自然に頭に入るようになっていきます。

つまり、量を優先するのは、質を高めることを軽視するのではなく、後回しにするということです。

肉体労働やスポーツの練習で、時に「体で覚えろ」と指導されることがあります。自然に理解が深まっていくのは、それに近い感覚です。

同じところを10回も20回も読んでいると、次第に「いい加減もう飽きた」という気分になってきます。そうすると、一度目はさっぱりわからなかった内容でも、するすると頭に入るようになるはずです。

私が公認会計士試験の勉強を始めてから合格するまで、約1年の時間がありました。２０１３年7月上旬に司法書士試験があったので、同じ年の８月から勉強を始め、論文式試験を終えたのは翌２０１４年の８月中旬です。

最初は知らない単語が多く、テキストを読んでも何度も引っかかりました。わからないところを読み飛ばしても、一周するのに20日ほどかかっていたように思います。

２回目は一周目より読みやすくなりました。次第にわからないところ、引っかかるところが減っていき、何回も繰り返すうちに読むスピードが上がります。

最後は10日ほどで試験範囲を一周できるようになりました。正確に数えてはいませんが、勉強開始から試験終了までに、20回以上同じテキストを読み、同じ問題を解いたと思います。

さすがに、短い間にそれだけ同じことを繰り返すと、ほとんどの論点はわかるようになります。

最初の二、三周は概念をつかむことに集中し、回数をこなすごとに、各論点の細部を詰めていくイメージです。

資格試験の勉強をするにあたって、前提知識がなければどうしても理解に時間がかかります。

立ち止まらず、まず量をこなすことが効率化につながります。

最初はどうしてもつらいのですが、ノルマを毎日こなしているうちにわからない部分が少なくなり、どんどん楽になります。

歯を食いしばって、**まずは試験範囲を一周してみましょう。**

試験本番の対策について

このように、順調に勉強を進められるようになったら、並行して試験本番の対策も行うことが必要です。

当然ですが、資格試験の合否は、本番の出来にかかっています。

どれだけ実力があったとしても、試験本番で失敗してしまえば、努力は水の泡です。

少し立ち止まって、「実力」とは何か考えてみましょう。

格闘技には、「道場番長」という言葉があります。

練習では誰にも負けないのに、試合だと実力を発揮できず、さっぱり勝てない選手のことをいいます。

本番になると緊張してしまう、環境が変わってパニックになってしまう、興奮してすぐにスタミナが切れてしまう、など原因は様々です。

このような選手は強いでしょうか、弱いでしょうか。

厳しい考え方になるかもしれませんが、強いとは言えないと思います。

一般的に、スポーツの目的は勝つことで、試合の成績で評価されます。いくら練習で強くても、その事実は第三者に伝わらないので、「弱い」というレッテルを貼られてしまうでしょう。

一方で、サボり癖があって練習でやられてばかりでも、試合で連勝を続ければ、誰からも強い選手として認識されます。

資格試験も、最終的な目標は合格することです。

確かに、勉強を続けていればその分野について専門的な知識を蓄積できます。

ですが、最終的に合格しなければ、その分野のエキスパートであるという客観的評価は得られません。

一方で、国家資格は、ライセンスを保持していると、専門家であると国のお墨付きを得られます。

試験に受からなければ、いくらその内容を勉強したとしても、ただの詳しい人に過ぎません。

合格するという事実に大きな意味があります。

模試の活用の仕方

それでは、本番に強くなるにはどうしたらよいでしょう。

個人差もあるので、こうすれば絶対に大丈夫、という絶対的な正解はありません。

逆に、「失敗するパターンをあらかじめつぶしておく」と考えるべきです。

ですから、**なるべく本番と近い環境で、模試を受ける**ことが望ましいのです。

本番と同じ環境で何度も模試を受けると、自分に特有の失敗が見えてきます。

たとえば、私がよくやっていたのは問題の読み間違いです。

「正しいものを選べ」という問題で誤ったものを選んでしまったり、「小数点2桁まで解答せよ」という指示を読み飛ばして、小数点以下を四捨五入して解答したりすることがありました。

答えがわかっているのに間違えるのはとてももったいなく、合否を分ける可能性もあります。

これらは本番では絶対にしたくないミスです。

整理すると、模試の目的は大きく分けて三つです。

一つ目は、緊張しないように試験の雰囲気に慣れること、二つ目は客観的な現在の実力を測定すること、最後の一つが、**自分が起こしてしまいがちなミスを把握し、本番で行わない方法を確立する**、です。

そして、失敗には、ダメージを負うものと、そうでないものがあります。

たとえば、新規ビジネスを立ち上げて失敗したら、お金が減ってしまいます。出資を受けていた場合は、出資者からの信用を失うこともあります。スポーツの試合に負けたら、その後のチャンスが減ったり、プロであれば収入が減ったりすることがありえます。

それに対して、資格の模試は失敗することのダメージはまったくありません。むしろ、本番でするかもしれない失敗を先にでき、修正の機会が得られます。

また、なるべく本試験に近い環境を再現することで、緊張が軽減されますし、忘れ物や交通障害など、予想外のトラブルに対処する練習もできます。

いいことばかりで、デメリットは多少の金銭的な負担があることくらいです。

模試の受験料は高くても数千円に収まることが多いので、合格したあとのことを考えれば安い投資です。

チャンスがあれば可能な限り受けるべきです。

あえて失敗を繰り返すことにより、成長の機会を得るチャンスだと割りきりましょう。

絶対にやってはいけないのは、模試でズルをすることです。

一般的に、模試は予備校などだけでなく、自宅でも受けられます。解答を事前に受け取れる場合もあるので、やろうと思えば、答えを先に見ることもできます。

また、自宅で受けるなら、制限時間を超えて問題を解くこともできます。

好成績を取って自慢するために、このような不正をする人がいます。

しかし、これでは正当な実力を測ることはできませんし、緊張を和らげる方法も見つかりません。


そもそも**自宅で受けるのが間違い**です。

本番の練習をできることが模試のメリットであるにもかかわらず、それを放棄することになります。

よっぽどの理由がない限りは、本番と同じ環境に近づけ、会場で受けましょう。

「失敗は成功のもと」の精神

結果が出ないと傷つき、落ちこんでしまう人もいるかもしれません。

ですが、資格試験に限らず、最初からうまくいくことなどほとんどありません。

私の経験でも、試験はもちろん、格闘技も、商売も、最初は失敗続きで、馬鹿にされたりして悲しい思いをしました。

それでも、適切な努力を続けていれば、昨日より今日、今日より明日の状況はよくなります。

それは階段を上るプロセスに似ています。

歩き続ければ、いつかゴールにたどり着きます。

何かに挑戦するときは、**あきらめることが最大のリスク**です。その瞬間に失敗が確定し、リターンを得られなくなるからです。

失敗は成功のもと、の精神を忘れず、一歩ずつ合格への道を歩んでいきましょう。


テキスト、問題集、模試で弱点をあぶり出そう！

そうしてトライ&エラーを繰り返し、知識を精錬させていこう！

第2章

あらゆる場所で集中する方法

これまで紹介してきた独学を継続するためのノウハウを体得したとしても、だらだら勉強していたのでは、身につくものも身につきません。

そこで大事なのが――集中すること。

上手に集中することができれば、短時間の勉強で効率的に知識を得ることができます。

もっと言えば、集中するすべを身につけるだけで、あらゆる場所、あらゆるスキマ時間を、学習時間にできるようになります。

そんなわけで、第2章では集中する方法について解説します。

自宅、外、移動中と3つのシチュエーション別に気をつける点を解説しつつ、集中するために必要な、基本的な心構えについてお伝えします。

自宅で集中する

自宅では「だらだら」勉強しない

いくつか考えられる勉強場所の中で、**自宅はもっとも誘惑に負けやすい場所**です。快適に自由時間を過ごすためのグッズがそろっており、本来、勉強するにはふさわしくないからです。

それでも、予備校に通わない独学者にとっては、自宅は勉強時間を確保するために大切な場所でしょう。

それでは、誘惑の多い自宅で勉強を効率化する方法を考えてみましょう。

まず、**やってはいけないのは、だらだらと長時間勉強すること**です。

よくあるうまくいかないパターンは、始めと終わりの時間やノルマの分量を決めずに、体力の続く限り勉強に取り組もうとする方法です。

これは、1日2日は続けられても、そう遠くないうちに精神的な限界が訪れます。

仕事で想像してみてください。

終わりの時間を決めずにできるところまでやる、として仕事を始めたら、普通は身が入らないはずです。仕事が大好きという人以外は、「早く帰りたい」という思いが頭を離れないでしょう。

つらいことに取り組むときは、明確な終わりがないと心が持ちません。メリハリをつくって、努力するときは努力し、休むときは休まなければ、長い独学の日々を乗りきれないでしょう。

従って、自宅学習に取り組む際に**最初に決めるべきは、家で勉強する時間数と、勉強量**の2点です。

合格までにつけるべき実力と、残っている日数から必要な量を逆算し、1日あたりのノルマに落としこみます。

やるべきことを終えたら自由時間を楽しむようにし、翌日に疲れを残さないようストレスを解消しましょう。

自宅で勉強するための「環境づくり」

また、一人暮らしの人を除いては、**家族にも気をつかう必要があります。**

私は2013年の春に第一子である長男が生まれ、同年の夏に、司法書士試験に挑みました。そのため、受験勉強と並行して、出産準備や子育てを行う毎日でした。

妻に負担が集中しないよう、電車での移動時間を中心に勉強し、帰宅してからは子どもの面倒をみていました。

さらに子育てと並行して勉強を続け、2014年には公認会計士試験に挑戦しました。

このとき、資格を取ると将来が安定することと、何年も勉強を続けるつもりはないことをあらかじめ説明し、「期間限定」という条件付きで家族の理解を得ていました。

いくら資格取得にメリットがあっても、負担を妻に押しつけていたら、応援してもらうことは難しかったでしょう。

自宅での勉強は、環境づくりが大事です。

試験勉強に家族が不満を感じれば、ストレスが自分に返ってくることになり、結果的に集中できなくなります。

家族がいる人は、勉強を問題なく続けられるよう、負担をかけていることを忘れず、感謝するようにしましょう。

これに加えて、「物理的制約をつくる」で書いたように、日常生活になくても困らないゲーム機やマンガは封印しましょう。

スマホはなるべく手の届かない位置に持っていきましょう。勉強時間中は、キッチンや浴室などに置いておいてもよいかもしれません。

自宅は「眠くなりやすい」

ここまでが、環境面の事前準備です。

もう一つ、自宅学習で集中するには、自分の体調を整えることも重要です。体調が万全でないときに机に向かっても、内容は頭に入りません。

なかでも自宅で勉強するときに**気をつけたいのは、睡眠不足**です。

自宅で勉強する際、睡眠については、外と大きく環境が違います。

布団やソファーがあり、すぐ寝られるからです。

疲れた状態で帰ってきて、夕食後に少し休んでいるといつの間にか寝ていた、という経験は誰にでもあるでしょう。

睡眠不足だと夕食後に眠くなってしまい、あっという間に朝になりかねません。

すでに書いたとおり、朝にウエイトを置いたほうが、勉強は効率化しやすいと思います。

ただし、寝不足であれば、せっかく早起きしても効果は小さくなります。

そのため、朝に勉強するというスケジュールを組むときは、十分な睡眠時間を取ることが前提になります。

効率を重視するなら、深夜まで起きることは避け、決まった睡眠時間を確保することを心がけましょう。

私の場合は、どんなに忙しい場合でも、トータルで1日6時間は眠るように心がけていました。それを下回ると明らかにパフォーマンスが落ち、仕事にも悪影響がありました。

自分が最大限に力を発揮できる睡眠時間を分析するとよいでしょう。

朝だけ勉強する、と割りきって、夜は早めに寝てしまうのも一つの選択肢です。

「思いきって寝る」のもアリ

仕事から帰って勉強する場合は、眠気が大敵です。

コーヒーやエナジードリンクで眠気を覚ます人が多いかもしれませんが、あまり賛成しません。なぜなら、起きているということに意味があるのではなく、集中して勉強することに意味があるからです。

カフェインなどの力を借りて一時的に目がさえたとしても、疲れがなくなることはありません。

せっかく確保した時間が睡魔との戦いに費やされ、何も覚えられなかったら時間のムダです。

そこで推奨するのは、思いきって短時間寝てしまうことです。

私は昼夜問わず、**どうしても眠いときは、10～15分ほど横になって寝る**ようにしていました。

寝過ごさないようにタイマーを複数セットし、時間になったら勢いよく飛び起きます。どうしても眠く、「あと5分……」という気持ちになりますが、ここでアラームを止めると、次に目覚めるのは朝になります。

そのまま寝ないようにして飛び起き、テキストを開きましょう。

少し眠ると、体力が回復し、頭もクリアになります。わずかな時間でも大きな効果を発揮するので、疲れが取れない人は取り入れてみましょう。

試験勉強を終えた現在でも、私は疲れたらすぐ横になるようにしています。

仕事を終えて帰宅し、夕食を終えたらほぼ毎日15分～30分ほど眠るルーティンを確立しており、パフォーマンスが上がることを実感しています。

20時ごろに少し眠ることで日中の疲れがかなり取れるので、21時から24時までは、子どもと遊びながら原稿を書いたりメールを返したり、雑務をこなして仕事の効率化を進めています。

心を奮い立たせる仕掛け

部屋の環境と体調を整えるほかに、心のスイッチを入れる対策も行いましょう。

人間の意志は弱く、誰でも努力をすぐにサボってしまいます。

勉強するルーティンを確立できても、誘惑があれば理由をつけて休みに気持ちが傾きます。

そこで、自分の心を奮い立たせる仕掛けを設置することをおすすめします。

努力を継続するためには、努力によって得られる具体的なメリット、つまり、「ニンジンをぶら下げる」ことが重要だと書きました。

強いモチベーションを上げる理由になるのは、悔しい思いをしたくない、恥ずかしい思いをしたくない、などの「ネガティブな事態を避けたい」という気持ちです。

私の場合は、一度目の司法書士試験に落ちたとき、大きい挫折感を味わいました。午前中の択一問題の出来が悪く、足切りを確信した際に、努力した日々が走馬灯のように頭を巡りました。同時に、「もっと頑張ればよかった」という後悔に襲われました。

たいていの資格試験は合否にかかわらず、結果が郵送などで送られてきます。司法書士試験も、受験からしばらくたって、落ちた際の成績表が届きました。

私は二度目の受験まで、**ふがいない試験結果をトイレの壁に貼りました**。

そうすると、どんなにやる気がなくても、トイレに行くたびに落ちたという事実を再確認することになります。

その結果、「もう悔しい思いはしたくない！」と気合が入り、朝からスイッチを入れることができました。

1年後に合格できたときも、トイレの試験結果は外さなかったように記憶しています。公認会計士試験を受験することに決めたため、「やる気スイッチ」としての役割が終わらなかったからです。

それから受験を終えるまでは、予定どおりにノルマをこなせない日はほとんどありませんでした。

挫折した経験と、それを忘れないための仕掛けが、よい方向に働いたのだと思います。

本来リラックスできる自宅で自分を追いこむのはなかなか大変です。

自分に甘ければもちろん結果は出ませんが、自分に厳しすぎると、続けることが困難になります。

やるときはやる、やらないときはやらない、とメリハリをつけることが、自宅学習を効率化する唯一の道だと思います。

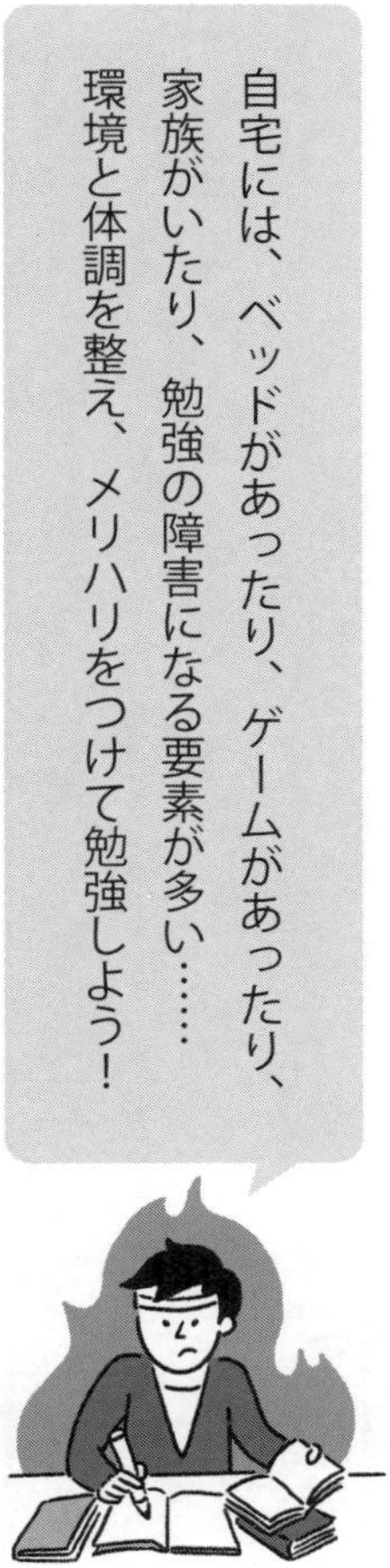
自宅には、ベッドがあったり、ゲームがあったり、
家族がいたり、勉強の障害になる要素が多い……
環境と体調を整え、メリハリをつけて勉強しよう！

外勉で集中する

外勉は「場所の選定」が大事

独学者は、自宅で勉強する家勉派と、外で勉強する外勉派に大きく分かれます。

どちらもメリットとデメリットがあるものの、一般的に**外での勉強は自宅に比べると集中しやすい**です。

スマホ以外の誘惑は少なく、寝る場所もないからです。

そのため、環境を整えれば勉強に集中しやすく、効率を高められます。

それでは、自宅の外で勉強する場合に集中する方法について考えましょう。

まず、重視すべきは場所の選定です。

大切なのは、**自宅や通勤ルートに近い場所を選ぶ**ことです。

通常の行動範囲から遠い場所は、行くこと自体が大変です。勉強するルーティンを確立するには、自然に足が向き、習慣としてテキストを開ける環境を整えるべきです。

これまでに書いたとおり、三日坊主になる最大の原因は、始めるのにエネルギーが必要なことです。

典型的なのがスポーツジムです。

自宅や会社から遠い場所を選んでしまうと、意欲の高い最初の何回かは通うことができても、次第に通うこと自体にストレスを感じるようになります。

面倒くささが楽しさを上回れば、自分一人の決断でサボることができます。

何回か休むと、あっという間に行かなくなってしまいます。

誰でも似たような経験があるのではないでしょうか。私も同じ失敗を何度も繰り返しています。

そのため、外で勉強する場合は、意識せずに足が向く場所を選ぶとよいでしょう。

最寄駅から自宅までの間にあるファミレスなど、自然に通る場所が理想的です。

雑音は外勉の大敵

外出先で効率的に学習するには、事前準備も大切です。

自宅と違うのは、当然ですが、自分や家族以外の人がいることです。もっとも気になる話し声を中心に、音が耳に入るのは避けられないでしょう。

雑音は外勉の大敵です。対策として、**耳栓を使うことをおすすめします**。

遮音性の高いものを選ぶことが大切なので、いくつか購入して試してみましょう。

しっかり耳の穴にフィットするものを使用すれば、一般的なボリュームの話し声はシャットアウトでき、集中しやすくなります。

ちなみに私は、スポンジ素材の耳栓を使用しました。耳の穴にフィットしやすいというよさがある反面、汚れが付きやすいので使い捨てになります。

丸洗いできるものや、ノイズキャンセリング機能がついている商品も出ているので、自分に合った商品を選ぶとよいでしょう。

試験によっては、受験中に耳栓を使うことが認められている場合もあります。なるべく緊張しないよう、本番と同じ環境に慣れておくことが望ましいです。

本試験で耳栓を使う場合は、いくつか候補を試してみて、自分に合う「本番用」のものを試験までに選んでおきましょう。

本試験が「静かな環境」で行われるとは限らない

なお、雑音がある環境で勉強することは、悪いことばかりではありません。本番の試験が、静かな環境で行われるとは限らないからです。

一般的に、資格試験の試験日は日曜日で、試験会場は大学になることが多いです。通常は、学生の立ち入りは制限され、静かな環境で試験が行われます。

ところが、運が悪いと、本試験でも集中を阻害されることがあります。私も何度かそのような環境で試験を受けました。

集中しにくい環境に慣れておけば、本番で悪いことが起こったとしても、動揺を防げます。

本番で焦ってしまうと合格する可能性は大きく下がります。

万全の環境で受験できないことも想定して、あらかじめ**騒音の中で集中する経験をしておくとよい**でしょう。

集中の邪魔になる雑音として、たとえば、外から聞こえる街宣車の声や、選挙カーの演説が挙げられます。

また、会場内では、ほかの受験生のたてる音が気になることがあります。

私の経験でも、電卓をたたく音や消しゴムをかける音がとても大きい人が近くにいたことがありました。

試験中、ずっとぶつぶつと独り言を口にしている人もいました。

また、珍しいことではありますが、試験官によって集中を乱されることもあります。

これまでもっとも気になった人は、移動中にガタガタと音を立て、ほかの試験官と普通のボリュームで会話したうえ、計測を誤ったようで、試験時間を1分短く切り上げました。

明らかに問題のあるケースだったと思いますが、受験生の一人に過ぎない私が抗議しても状況を変えるのは極めて難しかったと思います。

それらの対策にエネルギーを割いてしまうと、解答に集中できなくなり、焦りが募ります。

運悪く、試験場で集中を乱される状況に置かれた場合は、いさぎよくあきらめて、目の前の問題に集中するべきです。あらかじめ、本試験においても気が散る状況を想定しておけば、いざというときの動揺を軽減できます。

そのために、ある程度の雑音が出る環境に慣れておくことは悪くないはずです。

ルールとルーティンを決めておく

外では自宅以上に短時間で集中することが求められます。

そのためのコツは、ボーッとする時間をなるべく作らないように、目先をすぐに変えることです。

同じ科目を長い時間繰り返していると、どうしても飽きてしまいます。

そこで、**15分や20分で科目を区切り、何周もするサイクルをつくって取り組むほうが、集中しやすい**です。

スポーツでいうサーキットトレーニングに近いイメージで、だらだら取り組むことは避けましょう。

限られた時間で密度を高めるには、すぐに勉強のスイッチを入れることが大切です。どの席にしようか考えたり、勉強前にお茶を飲んだりすることで、時間はどんどん浪費されます。

そのため、外勉のルールとルーティンをあらかじめ決めておきましょう。

席は毎回同じ場所にし、座ったらすぐにテキストと問題集を取り出しましょう。取り組む科目、使うテキストも、毎回同じ順番にすることが理想的です。

事前に何に時間を割くかを決めていないと、スケジュールを考えることに時間を使うことになります。

独学受験生は専業受験生より時間的に不利なケースが多いので、余計なことに時間を使わずに済むよう、ルーティンを決めておくと楽ができます。

スティーブ・ジョブズが毎日同じデザインの服を着ていたのは有名です。これは、服を選ぶという意思決定を減らすことが、理由の一つだったと言われています。

同じように、勉強の機会ごとに場所を決めたり、科目の順番を決めたりすると、ムダなエネルギーを使ってしまうことになります。
なるべく同じ場所、同じ順番、同じ時間を繰り返すようにしましょう。

外勉ならではの気分転換

外勉は家勉に比べてメリットもあります。疲れたときは、外勉ならではの気分転換ができます。

たとえば、図書館であれば、蔵書をぱらぱらと読んで頭をリフレッシュできます。

私がよく行っていた図書館には、漫画コーナーがあり、手塚治虫《てづかおさむ》全集がラインナップされていました。

私は1時間に5分ほど休憩するサイクルで勉強し、休んでいる間に全集を少しずつ読んでいました。漫画の内容に熱中している間は試験のことが気にならなくなり、読み終わったあとは新しい気持ちで勉強に戻ることができます。

スマートフォンと違い、漫画や書籍は区切りがあるので、ずるずると使い続けて時間を浪費することにもなりにくいです。

カフェであれば、外を散歩することもできます。

休日に勉強していると、どうしても気持ちが落ちこむ瞬間があります。

受験勉強の日々は苦しいものなので、疲れたら緑を見て生き物の声に耳を傾け、ストレスをためすぎないように気をつけましょう。

外勉すべきタイミング

なお、自宅派の人も、外勉に取り組むべきタイミングがあります。

模試の直後です。

問題を解いたあとにすぐ復習することで、悩んだ部分や、理解していない部分を、正確に洗い出すことができます。

終わった直後が望ましいので、**模試から帰宅する途中に、カフェや図書館でスペースを確保する**とよいでしょう。

わからなかった問題について、記憶が鮮明なうちに正解までのプロセスを参照できれば、深く理解できる可能性が高いです。

時間がたってから復習すると、何がわからなかったのか記憶があいまいになり、弱点を埋めることができません。

自宅に戻ってから復習してもよいと思いますが、模試を受けた日は疲れがたまるため、ついついサボりたくなってしまいます。

帰宅前の復習をルールとして設定しておけば、効率よく知識を血肉にすることができるでしょう。

家勉と外勉を状況に応じて使い分けることで、集中力を保って、勉強を効率化できます。自分なりのルールを確立することが、合格への道筋を作ることにもなるはずです。

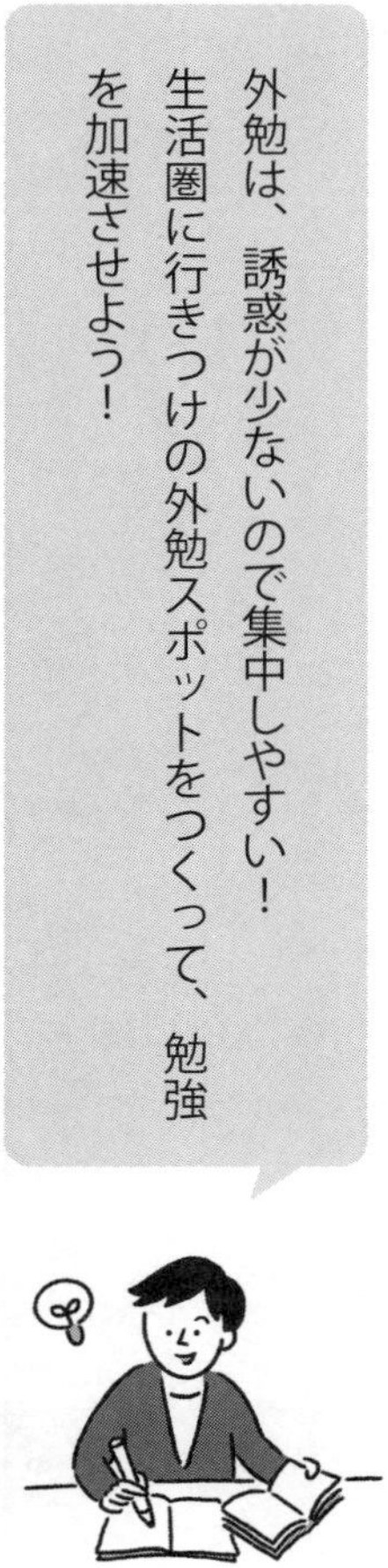
外勉は、誘惑が少ないので集中しやすい！
生活圏に行きつけの外勉スポットをつくって、勉強を加速させよう！

移動中に集中する

移動中の勉強で、気をつける7つのポイント

集中を扱ったこの章の最後に、移動時間の勉強で集中する方法を扱います。移動時間に、一気に勉強モードに持っていくためには、いったいどうしたらよいのでしょうか。

これまでにもお伝えしたとおり、大切なのは、自分のルーティンを確立することです。ルーティンにしてしまえば、何か判断するためのエネルギーを使わずに、自然とその

アクションを取れるようになります。

移動時間のうち、もっともルーティンを確立しやすいのは、朝の通勤時間です。多くの人が毎朝同じ時間に起きて、同じ時間の電車に乗っているはずです。規則的に同じ行動をして、同じ時間を守ることがそれほど難しくないことは、感覚的に理解できるはずです。

▼ポイント① 毎朝、同じ時間の電車に乗る

通勤中に集中するには、周囲の環境を整えることが必要です。満員電車でスペースがなければ、そもそもテキストを開くことができません。

通勤電車のうち、もっとも乗客が少ない電車を選びましょう。

私の場合は、朝の忙しい時間に急行をパスし、各駅停車の電車を選んでいました。ゆっくり進む電車に乗ると、空いている可能性が高いでしょう。

▼ポイント② 空いてる電車を選ぶ

乗る電車を確定させたら、乗る車両、車両内の場所も決めましょう。

座席が空いていても、あえて立つことをおすすめします。

座席は日によって人が座っていることがあり、位置が安定しなくなる確率が高いからです。

空いている電車で立つことを選べば、同じ位置で毎日過ごすことができます。

判断することを減らすほど、ルーティンを確立するのが楽になります。勉強を開始するまでは、頭を使うことをなるべく減らしていきましょう。

▼ポイント③　乗る車両を決め、車両内の定位置も決める
▼ポイント④　座らない

立つ位置を決めたら、スマホをカバンに入れて網棚に置きましょう。

出すのに手間がかかるようにすると、ついつい見てしまうことを減らせます。また、騒音対策のため、耳栓もしましょう。これで、勉強する準備は完了です。

▼ポイント⑤　カバンは網棚へ置き、耳栓をつける

ご愛読誠にありがとうございます。

読者カード

●ご購入作品名

●この本をどこでお知りになりましたか？

年齢　　歳　　　　性別　　男・女

ご職業　1.学生（大・高・中・小・その他）　2.会社員　3.公務員　4.教員　5.会社経営　6.自営業　7.主婦　8.その他（　　　）

●ご意見、ご感想などありましたら、是非お聞かせ下さい。

●ご感想を広告等、書籍のPRに使わせていただいてもよろしいですか？

※ご使用させて頂く場合は、文章を省略・編集させて頂くことがございます。

（実名で可・匿名で可・不可）

●ご協力ありがとうございました。今後の参考にさせていただきます。

郵 便 は が き

1 5 0 8 7 0 1

料金受取人払郵便

渋谷局承認

1130

0 3 9

差出有効期間
2024年3月
31日まで

東京都渋谷区恵比寿4－20－3
恵比寿ガーデンプレイスタワー8F
恵比寿ガーデンプレイス郵便局
私書箱第5057号

株式会社アルファポリス
編集部 行

お名前
ご住所 〒 TEL

※ご記入頂いた個人情報は上記編集部からのお知らせ及びアンケートの集計目的以外には使用いたしません。

テキスト選びについて書いた際にもお伝えしましたが、テキストや問題集は、科目ごとに最良の1冊を選ぶべきです。

公認会計士試験や司法書士試験などの難関試験といわれるものであっても、大学教授が書いた分厚いハードカバーの専門書は必要ありません。わかりやすい言葉で書かれ、試験内容を網羅している、専門学校のテキストで十分です。

何度も何度も同じ書籍を繰り返し、知識を深めていく必要があります。

もちろん、穴の開いたバケツのように、毎日勉強していても、少しずつ覚えたことは漏れ落ちていきます。

そのため、出題される可能性のある論点を網羅できるよう、テキストや問題集を周回して、穴をふさいでいく必要があるわけです。

▼ポイント⑥　同じテキストを何度も繰り返す

限られた時間を有効に使うためには、勉強以外に注意を割くことをなるべく減らすことが重要です。

起きる時間、朝食のメニュー、乗る電車、位置、テキストを読む順番、科目ごとに読むページ数をあらかじめ決めておくと、勉強以外で考えることはかなり減らせます。「合格する」という目的を達成するためにエネルギーを多く割き、それ以外のことに時間や体力を使うことはなるべく少なくしましょう。

▼ポイント⑦「合格する」という目的以外にエネルギーを使わない

これらの点に気をつけ、テキストを開いたら、集中する環境が整います。

あとは毎日継続できるよう無理のないスケジュールを組み、本番まで同じことを繰り返すだけです。

これまでの記述を参考に、合格するために必要な実力をつけるために必要な勉強量を1日単位に落としこみ、なるべく移動時間で1日のノルマを多く消化しましょう。


私の経験を踏まえると、行政書士試験、司法書士試験、公認会計士試験などの難関試験はもちろん、TOEICなどのキャリアアップに役立つ試験についても、移動中に大半の勉強が可能です。

1日のうちの通勤時間、移動時間は人それぞれですが、通勤時間が長いというマイナス要素も、見方を変えれば有利に変えられます。

少しのヒマを惜しんで勉強し、スキマ時間を実力に変えるマインドを徹底しましょう。

「間違いノート」を携帯しよう

また、移動中に限らず、何度テキストを繰り返してもなかなか覚えられない論点については、特別な対応をすることが望ましいです。

私は、何回か繰り返してもわからない論点については、**「間違いノート」を作り、苦手な部分をまとめて確認できるようにしていました。**

具体的には、A4の白紙とボールペンを常にポケットに入れておきます。そして、覚えにくい部分を見つけたら、なるべく簡潔に書き写します。

たとえば、「会社法上の大会社は、最終年度の貸借対照表において、資本金が5億円以上か、負債が200億円以上の会社」のような感じです。

自分さえわかれば問題ないので、テキストを繰り返し読むなかで、間違えがちな論点の穴を少しずつふさぐイメージを持つとよいでしょう。

移動時間を有意義にするポイントとして、**「常に勉強道具を持っておく」**ということが挙げられます。

職種にもよるでしょうが、勉強のチャンスになる時間はいつ訪れるかわかりません。そのため、勉強できる道具は常に持っておくべきです。

私が会社員として働いていた時代は、内勤で移動時間はほぼありませんでした。

それでも、会議前の待ち時間やエレベー

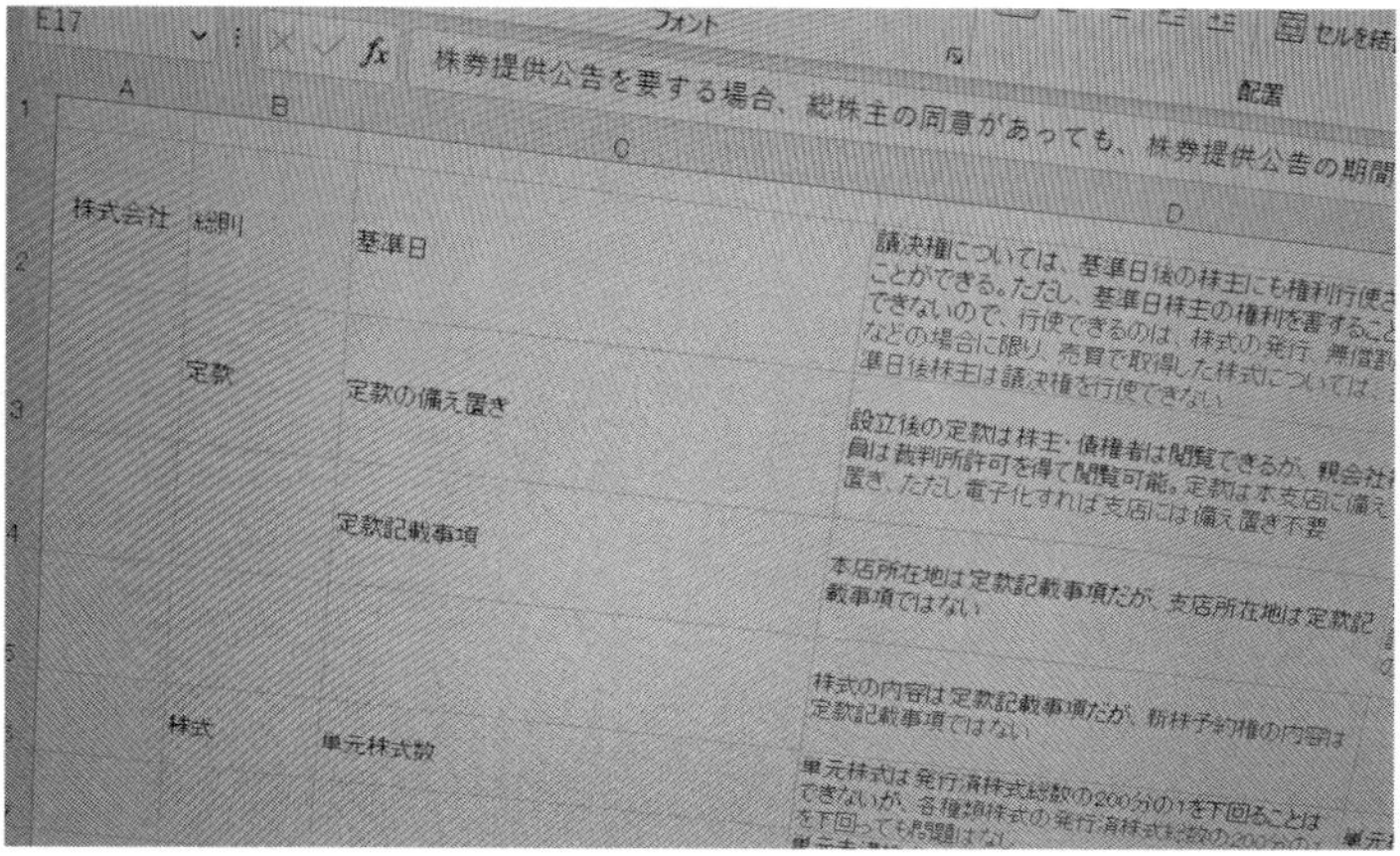

間違いやすい箇所は、ノートのほか、上の写真のようにエクセルでも管理していました（記載されている内容は、当時のものです）。

ターに乗っている時間など、ほんの少しの空き時間には、間違いノートに目を通し、少しでも勉強するように心がけていました。

社会人受験生は時間の確保が難しく、専業受験生に比べて絶対的に不利です。細かい時間を積み重ねる努力が、合格に近づくことをぜひ覚えておくとよいでしょう。

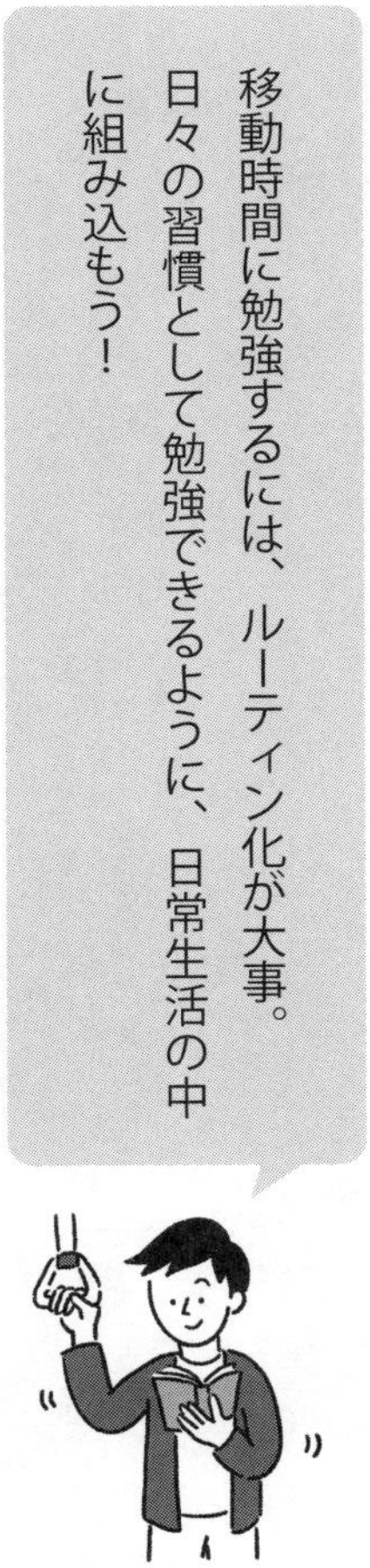
移動時間に勉強するには、ルーティン化が大事。日々の習慣として勉強できるように、日常生活の中に組み込もう!

第3章

挫折しやすいポイント

独学を継続させるためのノウハウから、様々な環境で集中する方法まで、説明してきました。

これまで書いてきた通りにすれば、挫折せずにつらい勉強が継続できるかといえば……もちろんそんな簡単ではありません。

前にも書きましたが、ある行動が習慣になっているのは、それが自分に合っていて心地よいため。

それを無理に変えて、新たに勉強を習慣化しようとしているのですから、うまくいかなくて当然なのです。

そこでこの章では、多くの人がつまずくであろうポイントについて、さらに踏みこんで解説したいと思います。

モチベーションが保てない

自分自身としっかり向き合う

かつて、『ドリルを売るには穴を売れ』（青春出版社）という書籍がベストセラーになりました。

マーケティングの本質についてわかりやすく解説した入門書で、学んだことのない人にとっては有用な知識が詰まっています。とてもおすすめの本です。

本のエッセンスを少しだけ紹介すると、「ドリルを保有したいと思って買う客はいない。顧客の求めている価値はドリルによって掘れる穴である」ということです。

つまり、ビジネスにおいては、消費者の真の目的を理解し、それに沿った戦略を立案することが重要ということになります。

この本の冒頭で、「目的を明確にし、欲求を具体的にする」ことが努力を続けるポイントだと書きました。

少し考えてみてください。

この本を読んでいるあなたは、**何か目的があって、資格試験なのか、TOEICなのか、何かにチャレンジをしたいと思っているはず**です。

それは、そもそも何のためなのでしょうか。

資格試験への挑戦はつらく長いものです。

遊びたい、サボりたい、休みたいという欲求を抑え、うるしを塗るように、日々の努力を積み重ねる必要があります。

具体的な欲求を動機に変えて努力しようとしても、そもそもの欲求が自分の心に沿ったものでなければ、大きく力が出ることは期待できません。

「人生を変えたい」などのあいまいな目標や、「世の中をよくしたい」というふわふわしたきれいごとでは、自分自身を強く律することは難しいです。

それが誰にでもできるならば、ダイエットや習い事も簡単に続けられるはずです。

努力するときは、**自分自身と向き合い、なぜ自分がそれを求めるかについて、よく考えましょう。**


かつて私は、公認会計士試験に3か月ほどで挫折しました。そしてその後、嫌な環境から逃れるために火がつき、無事合格を果たしました。

同じ人間であっても、目標が具体的であればあるほど、大きな力が出ます。

「夢」という言葉はどこかに実現しないようなニュアンスを含むように思いますが、具体的な目標は実現させるためのものに他なりません。

人間は誰しも意志が弱いものですから、自分を動かすエンジンにするために、人生観を欲求に落としこみ、具体的な欲求として表現できるようにしましょう。

「変えたいこと／変えられること」を精査する

それでは、改めて自分自身の目の前にニンジンをぶら下げる方法について考えてみましょう。

大変な試験に挑もうとするからには、あなたはこれまでの人生を変えたいと思っているはずです。

私のように、年収や人間関係などで困らないようにしたいかもしれません。

欲求を具体的にするには、**合格後の自分を具体的にイメージすることが大切**です。目標を達成したあとの姿が明確になれば、努力する意味をより強く見出せるようになるからです。

そのためにまず大切なことは、情報収集です。

集めるべき情報は大きく分けて、

① 現時点で変えたいと思っていること

② 合格後に変えられること

の2種類です。

そして、現時点で変えたいことについては、**自分の心と向き合い、本当に望むこ**

とに沿うようにしましょう。

もちろん、人生の最終的なゴールを定める必要はありません。環境が変わっていくに従って、自分が望むものも変わっていくはずです。あくまで、挑戦すると決めた時点において、望ましい人生に沿う目標を具体化しましょう。

目標を具体化するには、達成できた際に獲得できるメリットと、解消できる問題点を羅列する方法がおすすめです。

たとえば、公認会計士試験に合格すれば、ほぼ確実に大手事務所に就職することができます。順調にキャリアアップできれば、いずれ年収が１０００万円を超える可能性は高いでしょう。

合格すると、多くの経済的不安は解消できます。

ところが、同じ公認会計士試験であっても、かつては合格しても就職できない期間がありました。

合格者を政策的に増加させた時期があり、監査法人の定期採用で全員を吸収できなかったため、合格しても実務経験が積めないという地獄のような数年間がありました。

公認会計士は実務経験が最終的な資格登録の要件になっています。

また、合格後には補修所に通学し、「修了考査」と呼ばれるテストにパスする必要があります。

監査法人への就職ができれば、実務経験や補修所への通学は問題になりませんが、就職がかなわなければ、経験を積めないだけでなく、補修所の学費も自己負担になります。

就職氷河期の合格者は試験後も大変な思いをしたので、情報収集を欠かさず、現時点での合格のメリットを正確に把握しましょう。

目標達成後どうなるか、「徹底的に」調べ上げる

正確な情報を収集するのは、簡単ではありません。

インターネットで調べることが現実的ではありますが、掲載されている情報が必ずしも正しいとは限りません。

たとえば、資格取得のもっとも大きいメリットとして挙げられるのは、金銭面でしょう。そこで、税理士・公認会計士の年収について調べると、国が行っている「賃金構造基本統計調査」についての情報が多くヒットします。

情報をまとめると、ある程度大きい事務所に勤務していて40代であれば、800〜1000万円程度の賃金を得られていることがわかります。

ところが、この情報は必ずしも正確であるとは言えません。

もちろん、統計の結果なので、データが間違っているというわけではありません。

まず、業務内容の大きく異なる税理士と公認会計士がまとめられています。また、賃金に関するアンケートを集計したデータであるため、独立して自分の事務所を持っている人はデータに含まれていません。

税理士は公認会計士に比べて、独立する割合が多いです。

自分の事務所に株式会社を併設させ、法律で許された業務については、株式会社に外注するパターンも多いです。

そうすると、個人所得は抑えられ、自分がオーナーを務める株式会社の所得が大きくなりますが、このデータはアンケートに反映されません。

この一例でも、正確なデータをつかむことは難しいことがわかると思います。

そこでおすすめしたいのは、できれば数件の**リアルな口コミを集める**ことです。知人や友人をたどれば、一人くらいは目標とする職業の人が見つかります。

年収などはなかなか聞きづらいものですが、働き方や仕事のやりがい、困っていることなど、実感のこもった話を聞けるはずです。

主観が入るので鵜呑みにはできませんが、インターネットでは得られない情報を得ることができます。

調べた情報をもとに「強固な動機」をつくる

正確な情報を集めると、資格に受かることが人生にとってメリットがあるのか、そうでないのかを判断できます。

受験勉強は長くつらいので、**途中で疑念がわいた場合は、続けることが精神的につらくなります**。

それに対し、自分で調べた情報をもとに強固なモチベーションを形成できれば、つらいときもくじける確率は低くなるでしょう。

私が合格する前に思い描いていたことは、「人間関係のストレスを減らす」と「経済的な不安をなくす」でした。

これらは合格によって実現でき、さらに「自由な人生の選択」や「家族と過ごす時間の増加」などのメリットも享受できました。

人生が大きくよくなったことは間違いありません。

欲求が自分の人生観に沿っているほど、思いは強くなり、苦しいときに自分を支えてくれるでしょう。

人生は一度きりで、誰にも可能性は開かれています。

もし自分の人生を変えるのに資格試験が役立つと判断できたら、少しでも早く挑戦を始めましょう。

現状にどんな不満があるのか。勉強することによって人生をどう変えたいのか。それらを明確にすることで、モチベーションは強固になる！

休みの取り方がわからない

失敗する人は、休みを重視していない

私は上司も部下もなく、比較的ストレスフリーな働き方をしているものの、金曜日はなんとなく土日の予定を考えながら過ごしています。

土日も働くことになったら、お金をもらえるとしても、気は進みません。

何が楽しみで生きているかを考えたとき、「労働」や「勉強」と答える人はほとんどいないでしょう。

一部の変人を除いて、休みの自由時間が楽しみだと答えると思います。

これは、資格試験に挑戦している期間にも当てはまります。

資格試験に失敗してしまう多くの人が間違っている点として、「**休みを重視しない**」ことが挙げられます。


これまで、弁護士や同業の公認会計士など、多くの士業の方に会ってきました。

ほとんどの人は、ごく普通の暮らしをしています。超人ではありません。私も含めて、月曜から金曜まで働き、土日に出かけたり休んだりして、リフレッシュを経てから業務に戻ります。

休みを取らずに機械のように動き続ける人はごく一部です。一部の天才を除き、普通の人がそのような働き方をしたら、心と体が疲れきってしまうことは目に見えています。

よい成果を出すには、しっかり休むことが重要です。


受験勉強中も、これと変わりません。

つまり、休まないと勉強効率が落ちるので、心と体をメンテナンスする日を作ったほうがよいのです。

繰り返しになりますが、挑戦を始める際には、余裕時間をすべて勉強にあてるのではなく、休みを必ず確保してから、勉強の計画を立てるべきです。

週に1回「必ず」休養する

私の場合は、原則として日曜日を完全休養日にしていました。

模試がある場合は土曜日を休みに振り替えたり、土日の両方で模試がある場合は、月曜日を休んだりするなど、柔軟に対応していました。


気をつけていたのは、週に1回のペースで必ず休養することです。

仕事のない土曜日に勉強する場合も、1日中努力することは避けていました。18時ごろには机に向かうのをやめ、夜と日曜はゆっくり時間を過ごしていました。

それに加えて、勉強中も次のページの図のように、こまめに休憩を取っていました。30分ごとに目をつぶるなどの1～2分の小休憩、1時間ごとに5分のしっかりした休憩を入れて、メリハリをつけていました。


司法書士試験と公認会計士試験に働きながら2年連続で合格した人はとても珍しいか

●勉強中の休憩の取り方

30分
勉強
30分
勉強
30分
勉強
30分
勉強
30分
勉強
1～2分
休憩
5分
休憩
1～2分
休憩
5分
休憩

⇒ こまめに休憩を取ったほうが集中力が落ちない!

もしれません。

ですが、私は特別な能力を持った人間ではありません。

努力を継続する方法を確立できただけです。

合格できた秘訣は何かと考えると、「**ペースを崩さなかったこと**」がとても大きかったと感じています。

勉強していた約3年間に、スランプに陥って実力が伸びなかったり、疲れて勉強できなかったりする期間はほぼありませんでした。

週に1日休むペースを最初から最後まで継続し、試験日まで走りきりました。

また、つらいと感じた時期もありません。

働きながら通勤時間を中心にテキストを読み、帰宅までにほぼ勉強を終えていました。

私がペースを崩さずに勉強を続けられたのは、休みがあったからです。

週に一度の休養を目指して、あるいは勉強中は30分ごとの小休憩を目指して、本気で頑張れたからでしょう。

楽しみがあれば苦しいときの支えになります。

そこは絶対に動かさず、残りの時間にやるべきノルマを入れていくほうが、成功しやすいでしょう。

「挑戦中の旅行」は避ける

このように、勉強中の休みは重要ですが、それでも制限すべき部分はあります。

休みを取ると、当たり前ですが、詰めこんだ知識は抜けてしまいます。1日休んだくらいなら、忘れてしまったところをすぐに取り戻すことは可能です。

ただ、何日も連続して休んでしまうと、抜ける部分も多くなってしまいます。そのため、連続して休みを取らないことが、順調に実力を伸ばすために大切です。

従って、**連続して休まないとできないことは、挑戦を続ける間はあきらめたほうがよい**でしょう。

試験の難易度にもよりますが、個人的には、税理士試験や司法書士試験など、専業受験者がそれなりの割合を占めるものについては、手を抜いて合格することは難しいと思います。

働きながら専業受験生に勝つには、ある程度の犠牲を受け入れなければなりません。

遠隔地への旅行など、日数がかかるものは、勉強中は我慢しましょう。

あらかじめスケジュールを調整し、試験が終わった直後など、休んでもいいタイミングに、ご褒美として実施すると良いでしょう。

どうしても旅行に行きたい場合は、1泊半の旅行とし、土曜日の午後に出かけて、日曜の夜に帰宅するなど、勉強に大きく影響しないプランを立てることをおすすめします。

休みを増やすと知識が抜ける量が増え、結果的に受験期間も長くなってしまう可能性が高いので、人生が遠回りになってしまいます。

長い目で見れば受験期間は人生のほんの一部分ですから、少しだけ行動を制限し、勉強に打ちこんだほうがよいでしょう。

休むときは「完全に勉強から離れる」

具体的な休みの過ごし方についても考えてみましょう。

大切なのは、**とにかく勉強から離れる**ことです。

せっかくテキストや問題集が手元になくても、頭のどこかに試験のことがちらつけば、なんとなく休むのに抵抗感が生まれます。

休むことは長期的視野で見ると戦略的に必要だと理解し、リフレッシュを第一目的にするよう心がけましょう。

頭の隅からも試験に関することはなるべく排除し、目いっぱい楽しむことが大切です。

そうしないと、せっかく休んでも、ストレスが解消できず、休み明けから全力で努力ができません。

また、せっかくの休日であっても、ノルマが終わっていなければ、どうしても罪悪感を覚えてしまいますし、そもそも順調に実力が伸びません。

休みはあくまでも努力の対価として得るべきであり、いたずらに休むことに意味はないことも忘れないようにしましょう。やるべきことをしっかり終わらせたうえで、回復に全力を尽くせる心理状況を作ることに努めましょう。

休みの目的は「勉強を効率化する」ため

休日における時間の使い方にも注意が必要です。

資格試験への挑戦中であれば、当たり前ですが、最大の目的は合格することです。受かるか、落ちるかは、その後の人生に取り返しのつかないほどの差を生むことがあります。

たとえば、税理士や司法書士など、士業の子に生まれ、試験に挑戦するものの結局合格できず、親が死んだときに路頭に迷うケースは珍しくありません。

そうすると、合格できなかったというシンプルな事実が、人生の最後までついて回ります。

そのような立場でなくても、真剣に挑戦して、最終的にあきらめてしまうと、悔しさやむなしさが胸のどこかに残ってしまうでしょう。

私が、公認会計士試験に挫折したときもそうでした。

公認会計士になりたいという気持ちは消えていましたが、仕事で公認会計士に会うたびに、心のどこかに、「自分は試験に挫折した情けない人間だ」という感覚がありました。

それはなんとも言えないみじめな思いで、あのまま仕事を続けていたら、死ぬまでどこかで後悔する気持ちは消えなかったでしょう。

この本を読んでいる皆さんには、私のようなつらい思いをしてほしくありません。

資格試験の合否は、ほんのわずかなことで、天国と地獄に分かれます。

悔いを残さないためにも、挑戦している期間中は、優先順位を勉強に置くことを忘れないようにしましょう。

そのような観点に立つと、**休みの主目的も、勉強を効率化するためのリフレッ**

シュにあると理解できるはずです。

従って、翌日に疲れを残すような過ごし方は極力避けるようにし、回復に全力を注ぐことを意識すべきです。休養日であっても、早めに帰宅し、平日と変わらない睡眠時間を確保したほうがよいでしょう。

長くつらい受験生活においては、継続することを重視して行動を決めましょう。心と体のメンテナンスはペースを一定に保つために必須です。戦略的に回復し、勉強を効率化するために、休みの過ごし方も勉強と同じくらい真剣に考えてみましょう。

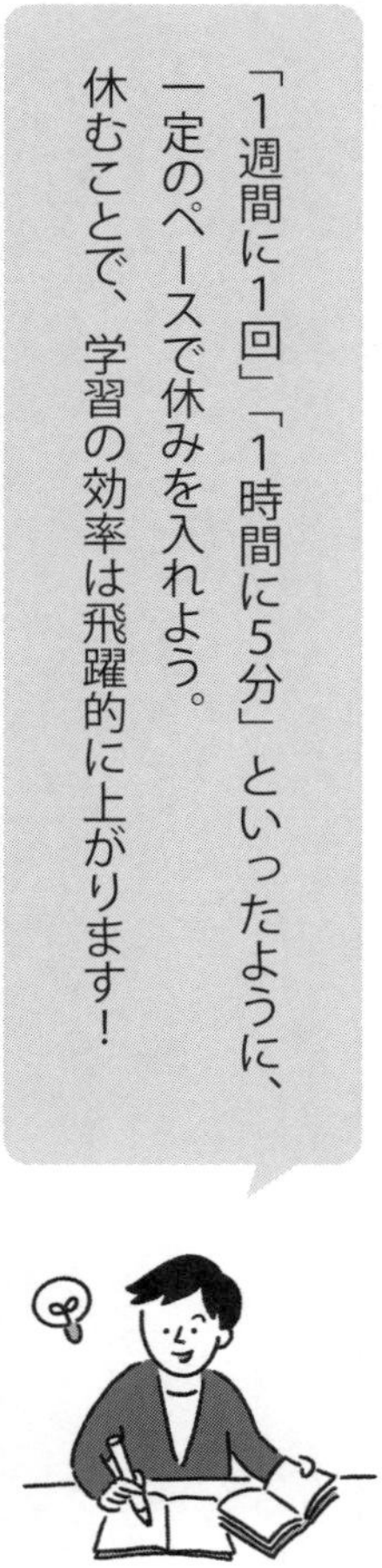
「1週間に1回」「1時間に5分」といったように、一定のペースで休みを入れよう。休むことで、学習の効率は飛躍的に上がります！

ルーティン化できない

格闘技の練習と勉強の共通点

私は格闘技を20年ほど続けています。

中学校の柔道、大学から総合格闘技、社会人になってからはブラジリアン柔術を主に練習しています。

私の人生でこれだけ続いている趣味はほかにありません。

私の練習方法は少し変わっていて、準備運動や技の練習を一切しません。テクニックを解説する教則ビデオも10年ほど見ていません。

何をやるかというと、いきなり実戦練習をするのです。格闘技では「スパーリング」と呼ばれる試合に即した練習をします。

私は道場に着くとすぐに着替え、そのままスパーリングに参加します。60分ほどのスパーリングを終えたら、そのまますぐ帰ります。

かつては準備運動も基礎練習もちゃんとやっていましたが、社会人になって時間がなくなり、この方法が定着しました。

客観的に見るとだいぶ危険に見えますが、この方法でケガをしたことは一度もありません。

大学以降で、最大のケガは突き指です。

病院へ行ったことは一度もありません。

この、いきなり実戦練習をする方法になってから、無理をせず、時間もかからずに練習できるので、効率もよくなり、出場したトーナメントの8割くらいで優勝できたように記憶しています。

気をつけていることが一つだけあります。それは、「**最初から頑張りすぎない**」ことです。

具体的には、最初のスパーリングの相手は、中級者にお願いするようにしています。ブラジリアン柔術は帯で習熟度がわかれるシステムになっており、白帯、青帯、紫帯、茶帯、黒帯の順にレベルアップします。なお、私は黒帯です。一本目は、青帯か紫帯の人を選びます。

なるべく力を入れずに、体を動かすためです。車の運転のように、ローギアから徐々にエンジンを温めていくイメージです。

上級者は、こちらも力を入れないと対応できないので避けます。

初級者は経験が浅く、力任せに予想外の動きをしてくることがあるので、こちらも避けます。

その点、中級者は精度がそれほど高くなく、予想どおりの動きをしてくるので、力を抑えても対処が可能です。絞め技も相手が眠る直前ぐらいに脱力し、相手の動きに合わせて、基礎的な動きを繰り返します。

そうすると、次第に体が温まり、調子がよくなります。最初から全力を出すと、疲れやすくなるだけでなく、ケガもしやすくなります。

この考えは、じつは勉強にも共通します。

大切なのは、**「ローギアで始めること」「負荷の大きい内容は中盤に行うこと」**の2点です。

これまで書いたとおり、努力を積み重ねるにはモチベーションが重要です。つらい日々が続くので、自分自身を鼓舞して高い意欲を維持しないと、すぐに三日坊主になってしまいます。

勉強を続けていると、「今日はやりたくないなぁ」と思う日が必ず来ます。誘惑に負けると1日がムダになり、合格する可能性が少し下がります。そのような日が繰り返されると、目標を達成することは難しくなるでしょう。

やる気がない日の対策はただ一つ、甘えを無視してテキストを開くことです。

少しずつルーティンをこなしていくうち、エンジンがかかり、いつの間にかやりたくなかった気持ちがどこかに消えていきます。

気持ちが乗らなかった日でも、ノルマをすべてこなすことができれば、合格に一歩近づきます。

受験勉強の日々は、やりたくない気持ちとの戦いです。

つまらない、つらい、嫌だというネガティブな気持ちに打ち勝って、努力を重ねることが重要です。

「楽な勉強」から始める

そのために、ルーティンの組み方にコツがあります。

それは、**1日の最初に行う内容は、なるべく簡単なものにすべき**だということです。

具体的には、比較的得意な科目のテキストを読んだり、条文や根拠資料を読んだりすることが該当します。

逆に、あまりおすすめしないのは、考えることが必要になる複雑な計算問題を解いたり、文章の構成を考えなければならない理論問題に取り組んだりすることです。

格闘技の練習では、体が温まる前にハードな内容に取り組んだら、疲れやすくなるばかりでなく、ケガをしてしまう可能性もあります。疲れない内容から徐々に調子を上げていくことで、その日の練習を実りあるものにすることが可能になります。

きつい練習をするのは、誰でも嫌です。私も格闘技を始めたばかりのころ、道場に着いたのに、練習が嫌になって逃げ帰ってしまったことがあります。

自分にとってやりやすい練習をするようにしてからは、道場に向かうことが苦になることはありません。

勉強でも、最初から厳しい内容でスタートするルーティンを組むと、出鼻をくじかれてノルマをこなすことが失敗しやすくなります。

また、つらい勉強が待っていると思うと、朝から憂鬱になってしまうでしょう。

サボる気持ちを抑え、勢いをつけやすくするために、1日の最初はとにかく楽な、やりやすい内容を選択すべきです。そして、調子の出る中盤に重めの内容を組みこみ、後半はまた楽な内容にします。

階段状に徐々に負荷をかけ、ピークから下げていくことを心がけましょう。

難しい問題は頭を使うため、負荷がかかります。

それに比べると、簡単なテキストを読むだけであれば、ボーッとしていてもノルマはこなせるため、負荷は多くありません。

参考に、私が司法書士試験の際に実際にやっていたルーティンを紹介します。

ほぼ通勤電車でしか勉強していませんでした。

電車に乗って、朝一番に行っていたのは、憲法や司法書士法など、覚える項目の少ないテキストを読むことだったと記憶しています。

だいぶ時間がたったので、科目についてはあいまいですが、ボリュームの多い民法や会社法は避け、さらっと読みやすい科目に取り組んでいました。

テキストを読むだけであれば、テキストを開いて目で字を追うだけで、あまり頭は使いません。

分量が少ない科目であれば、それほどストレスなく勉強を開始することができます。

一般的に、一度始めてしまえば途中からサボってしまうことは少ないです。朝、仕事に行くのが気乗りしない人は多いはずですが、仕事の途中で「今日は働きたくないから帰ろう」という気分にはなりにくいです。

一度動きだしてしまうと、なんとなく体が動きます。そのため、**とにかく始めてしまうことが重要**です。

やりやすい科目から始めることで自分を甘やかし、徐々に負荷をかけていく方法がサボりを防ぐことになるのです。

「階段状のルーティン」を組む

資格試験の勉強をゲームにたとえると、合格したい気持ちはＨＰ（体力）です。ストレスにさらされるとゲージが減少していき、ゼロになるとゲームオーバーです。ゲームの終わりは合格をあきらめることを意味します。

そのため、勉強を継続するには、

①　モチベーションを高くすること
②　ストレスをなるべく小さくすること

の双方向からの対策が必要になります。負荷の少ないルーティンを組むことは、ストレスを小さくすることに役立ちます。

そして、勉強が嫌だという気持ちの根本には二つの原因があります。
一つは、単純に楽しみを犠牲にして努力しなければならないつらさです。
二つ目は、うまくいかないことに取り組み、大変なことをしなければならないというつらさです。

努力を続けるには、この二つのつらさをコントロールし、ストレスが「合格して人生を変えたい」というモチベーションを上回らないように管理しなければなりません。

人によって違う部分もありますが、**ストレスがたまりやすいのは、勉強中よりも、むしろ勉強前や、サボっている時間**です。

やりたくないなぁ、と考えているだけで嫌な気分になりますし、サボっている途中は、楽しいことをしていても、罪悪感に苦しめられることになります。

そのため、**負荷の少ない項目から始まる階段状のルーティンを組むと、始める前のストレスを軽減することができます**。

資格試験の勉強を続けていると、自分にとってやりやすい科目とやりにくい科目が分かれてきますので、難しい内容はもっとも調子の出る中盤に組みこむことがポイントです。

終わり付近に難しいものを入れると、疲れてきた後半にエネルギーを使わなければならなくなります。そうすると、中盤以降にやりたくない気持ちが強くなってしまいますので、**後半に重いノルマを課すことも避けたほうがよい**でしょう。

階段状のルーティンは、冒頭に書いた格闘技などスポーツでも同じです。

野球の試合などで、登板を終えたピッチャーがキャッチボールをしている姿を見たことがあると思います。あれはクールダウンといって、徐々に体を冷やすために行っている軽い運動です。

急激に体を休めることも、準備運動をしないことと同様に、故障や疲れの可能性を高めます。

スポーツでも、ウォーミングアップから始まってクールダウンで終わるという、階段状のルーティンを組むことが一般的です。

これは、故障と疲れをなるべく回避して、継続することが目的です。

資格試験の勉強でも、負荷の少ないルーティンを組むことで継続する可能性を高められます。

体力や気力はもちろん必要ですが、**自分が消耗しないように対策を考えることも、同じくらい重要**です。

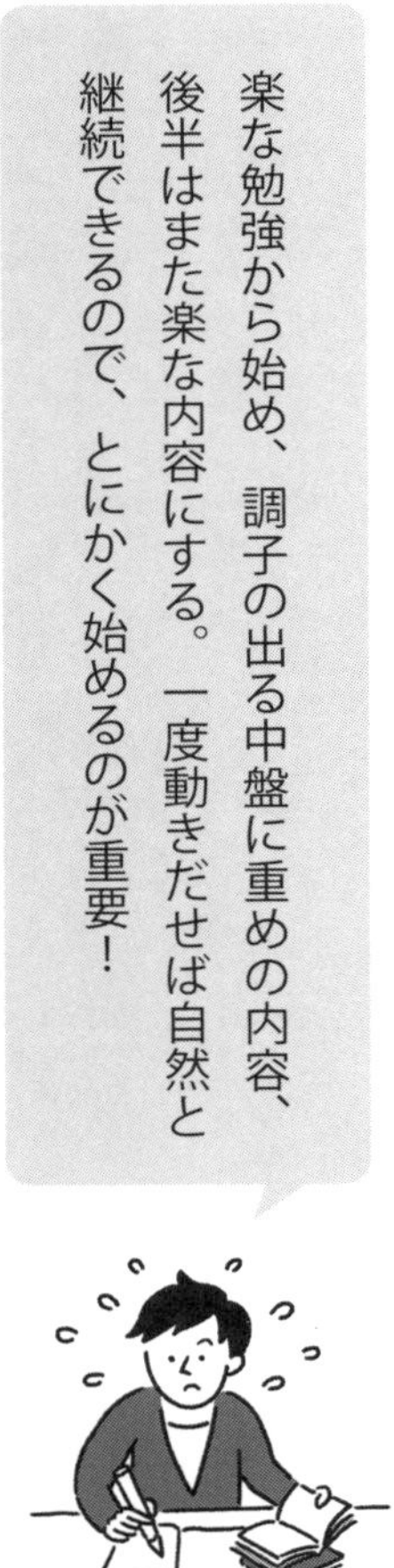
楽な勉強から始め、調子の出る中盤に重めの内容、後半はまた楽な内容にする。一度動きだせば自然と継続できるので、とにかく始めるのが重要！

勉強する時間がつくれない

私の時間の使い方

最近、「パラレルワーク」という言葉を耳にすることが増えてきました。

私も、複数の仕事を同時並行でこなしています。

公認会計士、税理士、司法書士、行政書士のほか、ワイン小売店経営、医療法人役員、協同組合理事、つい最近まではラーメン店を経営しており、気がつけば名刺は5種類以上、肩書は10以上になっています。

さらに、2023年から不動産業を始め、税理士試験の学習支援サービスも開始しました。

どの事業も人任せにはしていません。

ほぼすべての業務を自分自身が行っています。

法人税や所得税の申告書、登記申請書や委任状、許認可に関する書類などは、すべて私が一から十まで作成しています。

すごいだろ？　と自慢したいわけではありません。これまで書いたように、私はまったくの凡人だと思っています。

それに、自分で手を動かすことは、必ずしもいいことではありません。自ら手を動かすスタイルで働いていると、自分の可処分時間以上に仕事は増やせません。ビジネスの規模を大きくすることはできないので、収入も頭打ちになります。

あえて言うならば、時間の使い方は人より少しだけうまいかもしれません。

たとえば、この原稿を書いたのは、とある日の土曜の12時です。

朝7時に起床して事務所に行き、顧問先2社の会計データをチェック、来週決済の所有権移転登記書類を作成したあと、9時にラーメン店の材料を買って店に行きました。

家に戻って11時からラーメンの試作をして、それから原稿を書き始めています。

1回の記事は4000字が目安のため、1300字ずつ、3日に分けて書く予定です。

この日は一例ですが、だいたいこんな感じの日々を過ごしています。毎日の作業で行っていることは、受験生時代よりはるかに多いです。

ですが、それほど忙しいという感覚はありません。

むしろ、まだまだやりたいことがたくさんあります。

コロナ禍のためにしばらくやめていた格闘技の練習も再開したいですし、民泊を始めるための物件探しもしたいです。

最近、市役所前の広場を借りて屋台やキッチンカー、ステージパフォーマーを誘致し、数千人が来場するイベントの運営も始めました。

地元の経済を活性化させるため、微力ではありますが力を尽くしたいと思っています。

私がたくさんの仕事を並行して行っていることに驚く人がいるかもしれません。

当然ですが、人間に与えられた時間は平等です。

私の1日も24時間しかありません。

だいたい私は24時半から1時の間に眠り、7時に起きています。

夜は6時間半ほど眠り、眠くなったら昼寝をするので、平均すると1日の睡眠時間は7時間ほどになります。

そのほか、風呂、食事、子どもの世話に3時間30分、通勤時の運転に30分かかるので、仕事や趣味に使えない時間の合計は11時間ほどです。

それを除くと、1日の可処分時間は13時間ほどになる計算です。


私の趣味は格闘技ですが、先ほども書いたように、コロナの影響でほとんど通えていません。

他に楽しみに使う時間は、ユーチューブを見たり、ゲームをしたりする程度です。

平均すると、趣味に使っている時間は1時間ほどになるので、残った12時間を自由に使えることになります。

これだけあれば、先述した仕事をすべて行っても、時間は余ります。

アイデアを生み出すために余白の時間を残したいので、ボーッとして何もしない時間も多いです。

時間を有効に使うコツ

このように、時間を有効に使おうと思えば、24時間でたくさんのことができます。そのためには、いくつかコツがあります。

まず一つ目のコツとして覚えておくべきことは、**時間はつくろうとしなければつくれない**、ということです。

仕事を終えて帰宅したあと、マンガを読んだり、動画を見たりなど、思い思いの時間を過ごしていると、あっという間に時間が過ぎてしまいます。

そうならないように、自分の可処分時間を把握し、重要な順に必要なタスクを組みこんでいくことで、やるべきことを行う時間を確保できます。

二つ目は、**ムダな時間は意識的に削る必要がある**ということです。

やることがないのに、だらだらと残ったり、人数合わせで会議に出たりしている場合は、注意しましょう。

人生は有限です。

そして、自由に使える時間は思ったより短いものです。

仮に、健康に生活できる年齢を80歳までとすると、生まれたときから残された時間は2万9200日、たった70万8000時間しかありません。

3分の1は眠っていることが普通でしょうから、そうすると、自由に使える時間はおよそ50万時間しかありません。

思ったより少ないと感じる人がほとんどではないでしょうか。

私もサラリーマン時代に、上司が帰らないからなんとなく自分も残っていることがありました。

勉強を始めて定時に帰ることを徹底してからは、かなり少なくなったものの、振り返るとそれらはどうしようもなくムダな時間でした。

正確にカウントすることは難しいですが、1日10分だとしてもひと月に3時間、8年にわたって無意味な時間を過ごしたと仮定すると、トータルでは288時間になります。

不動産業界で重宝される宅建士の試験に合格するために必要な勉強時間、300時間に近い数字です。

資格があれば不動産会社では月に数万円の手当を受け取れることが一般的で、不動産業者として独立することもできます。

だらだらと上司の顔色を気にしながら残っているだけで、そのように人生の選択を増やすことができるほどの時間を、ドブに捨てていることになります。

「時は金なり」という言葉がありますが、時間は金銭的価値に換算できるだけでなく、命そのものです。

時間があれば遊ぶことも学ぶことも、楽しむこともできます。

理由なくムダに使うことはなんの意味もなく、死ぬときに後悔することになるかもしれません。

終身雇用は事実上崩壊し、ジョブ型雇用の傾向が強くなっています。

スキルのある人材に対して初任給を大幅に上げ、有能な人材確保を狙う企業も増えています。

２０２２年にマイナビが行った「新入社員の意識調査」によると、アンケートに回答した新入社員のうち、「定年まで勤めたい」と回答したのは18・５％だったそうです。

この調査だけでも、転職を視野に入れたキャリア形成が一般的になりつつあることがわかります。

企業の立場で考えると、教育を行っても辞めてしまう社員が増えることになるので、コストをかけずにスキルのある社員を採用する傾向が強くなるはずです。

必然的に人間関係よりもスキルが重視されることになりますから、上司の機嫌をとる意味は年々小さくなっていきます。

ムダな時間を削って、自分のために使うべきでしょう。

時間の使い方にメリハリをつける

最後のコツとしては、**時間の使い方にもメリハリをつける**ということです。

私は、集中することが必要かどうかで、仕事だけでなくあらゆるタスクを3段階に分類しています。

まずは集中が必要で、ほかのことと同時に行えないタスク。

これは、資格試験の勉強や税務申告書の作成などがあてはまります。優先して可処分時間の中に組みこむべきでしょう。

続いては、ある程度の集中が必要だけれど、ほかのタスクと並行して行えるものです。

私の場合だと、原稿を書く作業やメールを返信する作業などが該当します。

原稿は家で書くことが多く、夕食の後の休憩時間や、土日の空き時間をあてています。

子どもの面倒を見ながら行うことがほとんどで、求めに応じてゲームで遊んだり、本を読んであげたりします。

その時々で集中が阻害されますが、子どもと遊んでいる間に原稿の続きを考えるようにしています。

ラーメンの材料発注などもこの時間に行うようにしています。


最後は、ほとんど意識を向けずに、手を動かすだけで行える作業です。

私の場合だと、残りの雑多な作業がこれにあてはまります。

洗濯物をたたみながらユーチューブでラーメン店経営に役立つ動画を見たり、メールをチェックしながらイベントで使うおもちゃを購入したりしています。

同時に行えるものは並行して次々にクリアすると、時間に余裕ができやすいでしょう。

1日の時間は限られており、やるべきことには負荷の差があります。可処分時間を把握し、重要なものから順番に詰めこみ、目的を果たせるように時間を使うことをおすすめします。

必要のないことで悩んだり、人に気を使ったりしている時間はトータルするとそれなりの長さになり、人生を浪費していることになります。

生命は有限であることを忘れず、自分の人生を生きるために、時間を大切に使いましょう。

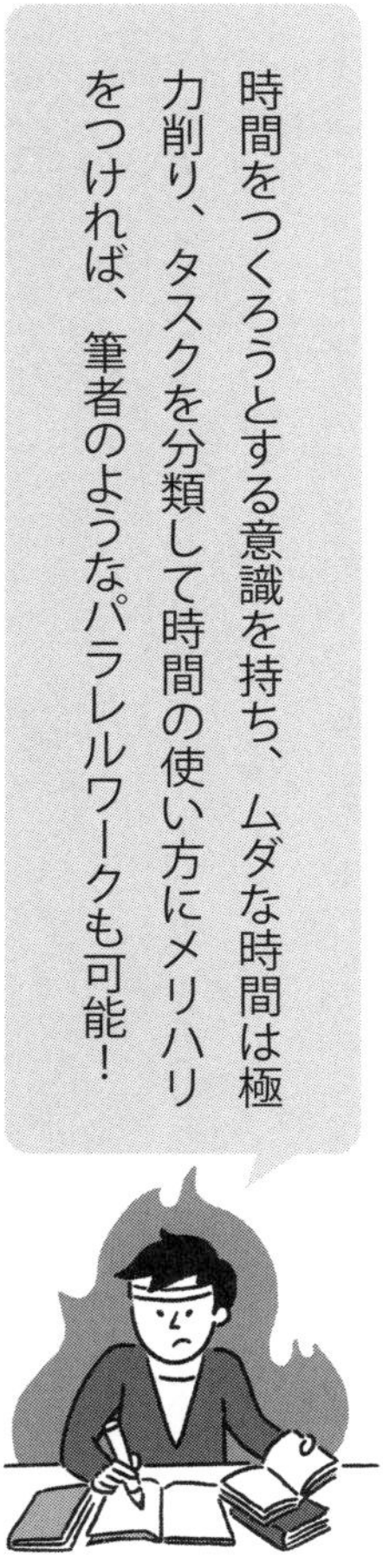
時間をつくろうとする意識を持ち、ムダな時間は極力削り、タスクを分類して時間の使い方にメリハリをつければ、筆者のようなパラレルワークも可能！

効率的な勉強ができていない

「きれいなノート」を作るのはムダ

続いて、効率的な勉強法について解説します。
勉強の目的は「知識をアウトプットできるようにすること」です。
従って、効率を重視し、なるべく時間をかけずに目的を果たせるようにすべきです。

まず、やらないほうがいいことについて考えてみましょう。
これまでの経験の中で、努力して勉強しているにもかかわらず、結果が出にくい人がいると思っています。

それは、「きれいにノートを作るタイプの人」です。


小中学校の授業風景を思い出してください。

まったく授業を聞いていない人、集中してきれいにノートを取る人、ボーッとして何を考えているかわからない人など、いろいろな種類の人がいたはずです。

このうち、もっとも成績がいい人は、「ノートをきれいにまとめるタイプ」ではない人だったのではないでしょうか。

ちなみに私はボーッとしている人で、授業をほぼ聞かず、ファミコンのことを考えたり、教科書の授業とは関係ない部分を読んだりして、よく怒られていました。


誤解を恐れずに言えば、勉強のレベルにかかわらず、きれいなノートを作るのは時間のムダです。

資格試験に限らず、教材は大きく分けて、テキスト、問題集、参考資料になります。

テキストはその科目で学ぶべき内容を網羅的かつ体系的にまとめたものです。問題集は、実際に出題される問題や、予想問題をまとめたものです。参考資料は、テキストに記載するには分量が多い法律の条文や、絵画や古文書などの画像をまとめたものです。六法全書や日本史の資料集などが該当し、必要に応じて参照します。

これまで書いたとおり、普通の人は1回触れただけの論点を理解することは絶対に不可能です。何度も何度も繰り返すことで、意味を少しずつ理解できるようになり、知識が自分のものになります。

そのため、授業や講義など、特定の論点にはじめて触れる段階でノートを作っても、本当に必要な知識をピックアップすることはできません。

たいていは、不必要な内容を取りこみ、必要な情報を取り漏らしてしまうでしょう。そもそも、覚えるべき内容はすべてテキストにまとめられています。

ですから、改めてまとめの資料を作る意味はまったくありません。

繰り返してテキストを読んでいると、最初は重要だと思わなかった部分の重要性に気づくこともありますし、逆に重要そうに見える部分があまり出題されないということに気づくこともあります。

最初にきれいなノートを作って、それをもとに勉強していると、結局は情報の過不足が生じることになり、非効率です。

効率を追求するなら、ノートは作成せず、**インプットはテキストに一元化することが望ましい**のです。

このように、きれいなノートを作っても、知識を網羅的に得るためには、結局テキストを読むことになります。

ノートを作る過程の意味は乏しいので、勉強方法としてはおすすめできません。

勉強の目的は知識を得ることであり、きれいなノートを作成することではないからです。

意味が乏しいことに時間をかけていると、非効率になり、結果が出なくなります。

ノートではなく、テキストを育てる

効率的な教材の管理方法は、「テキストを育てる」ことにあります。

具体的に説明すると、やるべきなのは**テキストの重要な部分と重要でない部分を分け、読みやすいようにする**ことです。

合格しようと思えば、テキストは何度も何度も読むことになります。

当然、薄いほうが効率的です。

問題集や過去問を繰り返すうちに、出題頻度が高い論点と、そうでない論点がわかるようになります。

たとえば、公認会計士試験の試験範囲には、経理作業を行うにあたって必要な帳簿を作成する手続きなどをまとめた「帳簿組織」という論点があります。

この部分について、近年の出題は少ないようで、今後の重要性も高くないでしょう。

現代の経理実務は、パソコンで行うことが当たり前であり、手書きの帳簿を作っている会社は少ないです。

とくに、新規開業する人が、手書きで経理作業をしたいとはほぼ思わないでしょう。

試験で問うことの意味も薄いと判断できます。

とはいえ、テキストには帳簿組織についてもある程度の記述があるので、同じ時間を使っていれば、時間の浪費になる可能性が高いです。

出題可能性の低い部分については、かける時間を短くしていくべきです。

一方で、過去問を解いていると、毎年のように出ている論点があることに気づきます。

そのような論点を見つけたら、該当部分に線を引くなど、わかりやすいようにして、次回読んだ際に重要なことがわかるようにしましょう。

未来の自分にメッセージを残すようなイメージです。

一周して、もう一度戻ったときに、「ここは頻出だ」と気づければ、丁寧に読むようになり、理解が深まります。

育て方は「線を引くだけ」

私の例で説明すると、テキストの一周目は、**黒いボールペンを持ち、重要そうな部分に線を引くことに集中します**。

内容の理解は二の次で、覚えるべきポイントを目立つようにすることが目的です。

二周目、三周目と、次第に線が増えていき、逆に真っ白な部分が残ります。

三周ぐらいを終えると、重要な部分にマークがされるようになり、次回から注意すべき点が明らかになります。

問題集も同じように、解答・解説部分で覚えるべきところが目立つようにするとよいでしょう。

勉強に限らず、何かに取り組むときは、目的から逆算して方法を考えるべきです。プロセスを終えたときに得るものが大きくなるよう、効率を最大化する意識を常に持ちましょう。

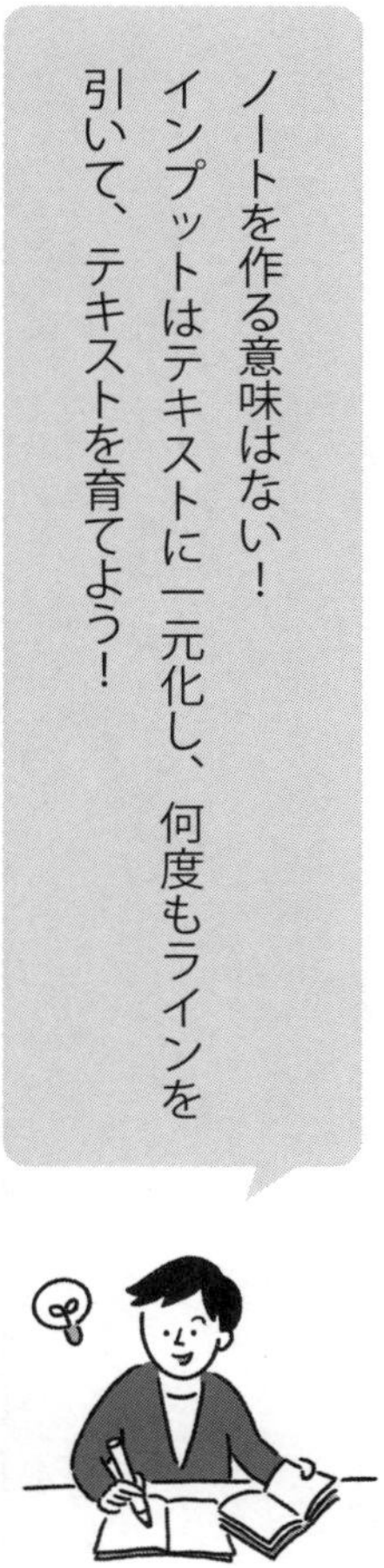
ノートを作る意味はない！
インプットはテキストに一元化し、何度もラインを
引いて、テキストを育てよう！

スケジュールの組み方がわからない

「伸びる人」の取り組み方

私は20歳から格闘技を始め、33歳ごろまで選手として熱心に練習していました。最初の4年間は総合格闘技、残りはブラジリアン柔術（以下、柔術とします）に取り組みました。

一時は格闘技で生計を立てることを真剣に考えました。

当時、ともに練習していた同世代の選手は、たくさんの人が専業柔術家になり、自分の道場を経営しています。

コロナやケガもあってほとんど練習はできていませんが、いまでもインストラクターとしての活動は細々と続けています。

柔術は柔道と似た胴着を着用し、寝技を中心に戦う競技です。

投げによる一本はなく、絞め技や関節技でギブアップを奪えば勝ちになります。

現役で有名なのは、ＲＩＺＩＮ《ライジン》で活躍するホベルト・サトシ・ソウザ選手などです。

ちなみに、朝倉未来《あさくらみくる》選手のセコンドとして知られる弁護士の堀鉄平《ほりてっぺい》先生は、現役時代のライバルでした。

柔術の特徴は、柔道やボクシングに比べて、瞬発的な動きはそれほど要求されず、技の正確性が重視される点です。

そのため、肉体的な才能よりも、練習量やコツコツ継続する力が、実力に結びつきやすいです。

そして、指導者として選手を見ていると、強くなる人はすぐわかります。

それは、「課題を設定して練習に取り組んでいる人」です。

「課題意識の有無」が差を生む

柔術の練習は大きく分けると、技の打ちこみと実戦形式のスパーリングがあります。スパーリングは試合と同じルールで技をかけ合うので、練習試合のようなものです。一本5分で相手を交代するのが一般的です。

そうした試合で勝つには、二通りの方法があります。一つは攻撃を強化し、かける技の成功率を上げることです。もう一つは、防御力を高め、相手の攻撃をシャットアウトすることです。

強くなる人は、一本ごとにテーマを設定しています。

たとえば、自分より実力があって攻撃が強い人と組むときは、ディフェンスに徹して少しでも長く守れるよう防御の練習をします。

経験が浅く、実力的に無理せずギブアップを取れる相手に対しては、なるべく力を抜いて正確に技をかける練習をします。

そして、練習後には振り返りの時間をつくり、設定したテーマに沿って課題が解決できたかを考えます。

設定した課題を実戦形式の練習で試し、練習後に次に生かせる方法を考えるので、成長のサイクルが効率的に回ります。

これは、ＰＤＣＡサイクルと同じプロセスです。


一方で、「この人は強くならないだろう」と感じる人もいます。

それは、何も考えずに漠然と練習している人です。

一番わかりやすいのは、初心者と組んだときの対応の仕方です。

経験の浅い相手と練習する場合は、防御が弱いので、かけた技が決まるのは当たり前です。

普段どおり攻撃したら、一方的に技を決めるだけの練習になります。

防御の弱い相手に対しては、パワーとスピードがあれば、精度が低くても技が決まります。

結果、試合で使えるレベルになっていなくても、「この技は決まる」と勘違いすることになります。当たり前ですが、実際の試合では、自分と同レベルの実力を持つ相手と戦うことになるため、精度の低い技は決まりません。

そのため、初心者と練習する場合は、力と速度を抑え、技の精度を高める練習が効率的です。

力まかせに技をかけるのは相手にケガを負わせる原因になり、自分にとっても逆効果です。そのような練習をする人はなかなか強くなりません。

強くなる人と強くならない人の違いは、「課題意識」です。練習にかけられる時間は有限です。

練習時間を意義あるものにできる人が成長するのは当然のことです。

コツは「勉強の終着点」を理解すること

この話を踏まえて、スケジュールについて考えてみましょう。

格闘技も資格試験も、さらには仕事も、**成長できる人に共通するのが課題意識**です。

時間に限りがあるなかで目的を達成するには、効率を高めることが近道です。わかりやすく言えば、一つ一つの行為に意味を持たせることが重要です。

資格試験に長年受からない人の話を聞くと、だいたい同じパターンで失敗しています。

それは、過去問を確認せず、教科書の最初から勉強を始めることです。

このやり方だと、効率は高くなりません。

どこに問題点があるかわかるでしょうか。課題意識をテーマに少し考えてみましょう。


答えは、勉強の終着点を理解せずに、勉強を始めているからです。

資格試験に取り組む目的は、合格することです。

知識を得ることも必要ですが、合格するかしないかには、天と地の差があります。

とくに独立開業が一般的な資格については、資格の有無が人生に大きく関わります。

どれだけ実務経験があり、資格者より手続きに詳しくても、資格を保有していなければ、開業することはできません。


資格を保有せず、士業事務所で働く人のことを、一般的に補助者と呼びます。

補助者は自分の名前で各種手続きを行えないので、雇われて働くことになり、相性の合う資格者が見つからなければ、充実した労働環境を得られません。

また、資格者が廃業したり、死亡したりした場合は、自分だけでは仕事を得ることができないため、他事務所に転職先を探すことになります。

一般的に、ベテラン補助者の転職は簡単ではないと思います。

若い資格者であれば、自分より年上の補助者を好んで雇用する人は少数派です。長く続いている事務所への転職を目指す場合は、すでに勤務している補助者から見れば、他事務所から移籍してくるベテランを歓迎することはあまりないように思います。

大規模法人であれば、そのような問題は少ないかもしれませんが、年齢の壁が存在し、若くなければ転職は難しいかもしれません。

資格を取れなければ、人生に行き詰まる可能性があります。

一方で、地方は資格者が不足しており、基本的に就職に困ることはありません。

昔のように「資格があれば楽に食べていける」ということはありませんが、難関資格であれば、生きていくための収入を得られる可能性は高いでしょう。

このように、**資格試験を受験する目的は「合格すること」以外にありません**。

実務を行う際の知識は後から身につけることができます。

極端に言えば、ラッキーでも合格してしまえばよく、落ちてしまえばどんなに実力があっても意味がないのです。

「過去問チェック」で終着点を定める

結果が出ない人は、この部分を勘違いしていることが多いです。

じっくりと試験範囲を一から勉強し、十分に理解してから次の論点に進む——ということをやっていると、時間がいくらあっても足りません。

そして、過去問をチェックすることは、勉強の終着点を定めることです。例年出題される本番の問題が解ける実力をつけることが、勉強の目的です。

試験問題をチェックしてから勉強を開始すると、合格に必要な実力がわかります。

出題される問題のレベルを把握できるからです。

もちろん、最初に1回見ただけでは、どのくらい勉強すればよいか、完全に理解することは不可能です。

それでも、大まかなレベルはわかります。

そのため、**勉強を進めることと並行して、過去問を解く習慣をつける**ことをおすすめします。

勉強が進み、科目内容の理解が進むにつれて、次第に必要な実力を見極める精度が高まるようになります。

「意味づけ」をして勉強する

勉強の内容は、テキストを読むことと問題を解くことに大きく分かれます。

スケジュールを組む際は、**「合格する」という終着点を常に意識し、ある行為がどのような意味を持つのかを考えて、構成を考えるべき**です。

たとえば、テキストに漠然と目を通すのではなく、「過去問でこの用語を説明させる問題が出ていたから意味を理解する」などの意味づけをしながら、一つ一つのノルマをこなすことが必要です。

問題を解く際は、よく間違えてしまう問題の解法を体で覚えられるまで繰り返しましょう。

専門学校のカリキュラムやベストセラーのテキストは本当によくできていて、試験範囲を網羅しており、すべて理解できれば合格する可能性は高いです。

しかし、専門学校に通ったり、テキストをそろえたりした人のうち、多くの割合が、合格という最終目標に到達できません。

必要なレベルに到達できるよう、復習を繰り返し、必要な実力を身につけた人だけが合格できるのです。

成長するための「適切な努力」を重ねる

難しい話に聞こえるかもしれませんが、とても単純な話です。

皆さんのこれまでの経験を振り返ってみましょう。

仕事もスポーツも、成長するための方法はすべて同じです。

必要な要素を理解し、必要なトレーニングを積むことで、徐々にレベルアップしていきます。

体力が足りないならマラソン、パワーが足りないならウエイトトレーニングなど、スポーツに置きかえるとわかりやすいと思います。

勉強もレベルアップするという観点では、それまでの人生経験が生きるはずです。

どんなジャンルでもよいので、周りで「この人はすごい」という人を探してみましょう。

必ず、**行動にテーマを持ち、成長するための適切な努力を重ねている**はずです。

その時間が有意義になるか、意味のないものになるかは、向き合い方一つで変わります。

課題意識をもって、一つ一つの時間に向き合ってみましょう。

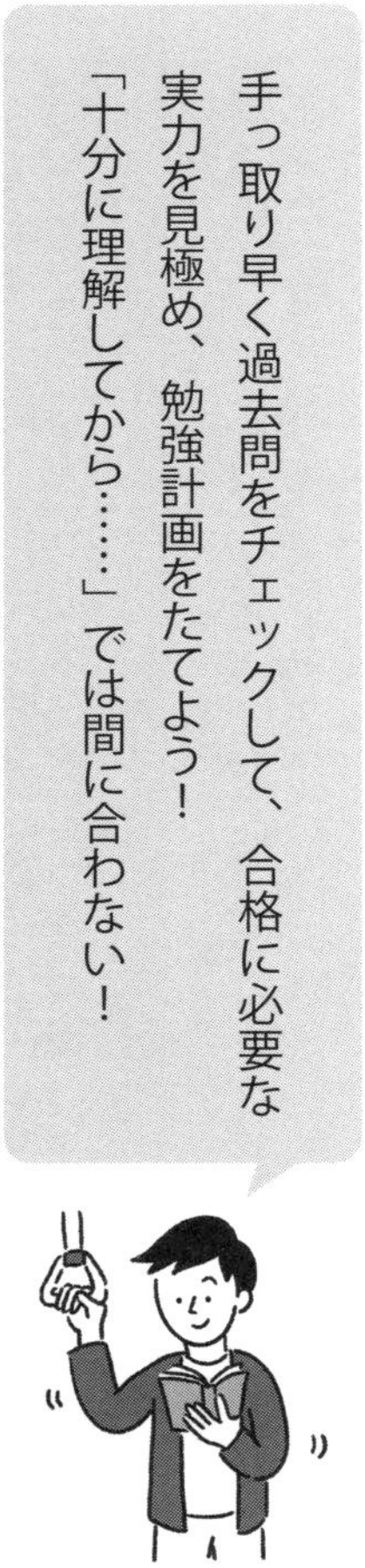
手っ取り早く過去問をチェックして、合格に必要な
実力を見極め、勉強計画をたてよう！
「十分に理解してから……」では間に合わない！

第4章

合格する勉強法／合格しない勉強法

最後となる第４章では、私自身がしてきた経験について改めてお話しし、1年という短い期間で、働きながら難関資格試験に合格するためのスケジュールづくりについて解説します。

もちろん、獲得を目指している資格によって、学習すべき内容や勉強期間は大きく変わります。

とはいえ、何を優先すべきか、どういう順序でスケジュールを立てるべきか、どの程度の期間割くべきかといったことについては、どの資格の勉強でも参考になるはずです。

それに加えて、私が勉強するなかで見えてきた、絶対にやってはいけない勉強法についてもお伝えします。

この本の締めくくりとして、多くの人がやりがちなその勉強法の何が問題なのか、どうして非効率なのか、様々な観点から解説します。

たった1年で合格する方法

資格があれば「人生の選択肢」が増える

経営していたドラゴンラーメンを、２０２２年10月末で閉店しました。

２年前に開店してから、徐々に来客が増え、最後は毎日１時間待ちの大行列でした。そのような状況でも閉店を選んだ最大の原因は、私のキャパシティ不足です。

店長として、レシピの作成、ホームページの制作、ＳＮＳの運用、味のチェックなど、店に関わるあらゆることを行ってきました。

最近は少なくなっていたものの、開店当初は厨房で毎日ラーメンを作っていました。スタッフの教育も自分自身で行っていたため、本業が忙しくなると、それらを行う時間がなくなってしまいました。

もちろん、原価高騰や人手不足で採算を合わせることが難しくなってきたことも理由の一つです。

ラーメン屋を始めるときは、家族も含め、周囲から反対を受けました。

実際、店に立ってラーメンを作りながら本業をこなすのは大変で、振り返ると我ながらよくできたものだと思います。

妻にだけは事前に相談したものの、開店も閉店も、自分一人で決めました。

一般的に、飲食店を始める際は融資を受けて店舗を契約する人が多いですが、本業で安定した収入があるため、借入もなく、閉店の翌日には片付けも終わり、清算を終えました。

開店した理由はざっくり言うと、「やってみたかったから」です。

リスクの高い飲食業を自ら体験することで、経営者の苦しさを理解したいという思いもありました。

2年間経営した結果、約250万円が手元に残りました。

本業に比べると利益率はとても低いですが、血肉になる学びは随所にあり、よい体験でした。

開店と閉店を自分だけで決められたのは、本業で安定収入があったからです。

難関資格試験に合格すると、人生の選択肢が増え、可能性が広がります。

たとえば、私は青森県で事務所を開いていますが、東京で就職することも可能です。一人で経理部門の立ち上げから上場までに対応することができるため、就職先には困りません。

監査法人に入ることもできます。身につけたラーメンのスキルを生かし、海外で店を開くこともできます。

いつかやってみたいです。

資格で私の人生がどう変わったか

ひと昔前のように、難関資格を取れば一生安泰という時代ではありません。

ですが、いまでも、合格すると自由とある程度の保障を得られます。

実際に、私がかつて取得した資格と、それによって人生がどう変わったかは、次のとおりです。

［2007年6月］日商簿記1級に合格
勉強期間は約半年、合格した結果、経理部門などの転職先が増えた

合格当時、新聞記者を辞めて公認会計士試験の勉強をしていたものの、挫折して就職を検討していました。

合格した結果、転職サイトでプロフィールに書ける資格を取得でき、面接に進みやすくなったように感じます。

［2008年11月］行政書士試験に合格
勉強期間は約半年、とくに転職などでメリットは感じなかった

合格当時、新聞記者を辞めて転職し、東証二部の化学メーカーで経営企画を担当する部署に勤務していました。

合格によっても給与の上昇はなく、転職においてもとくに有利になることはありませんでした。

安定した収入を得ることは難しいと考えたため、行政書士のみで開業はしませんでした。なお、当時の年収は５００万円ほどでした。

【２００９年５月ごろ】 ＴＯＥＩＣ８２０を取得
勉強期間は約半年、外資系企業や英語を使う企業への転職先が大きく増えた

ＴＯＥＩＣは大学生以来、２回目の受験でした。

引き続き化学メーカーに勤務していました。スコアの取得によって転職サイトで応募できる会社が大幅に増えました。取得から半年後、外航海運会社に転職し、年収が２００万円上がりました。

【２０１３年７月】 司法書士試験に合格

勉強期間は約2年、転職時のメリットは大きくないが、独立開業が可能になった

外航海運会社に勤務しており、合格は会社に知らせませんでした。

当時の制度には資格手当がなかったため、年収が上がることはなかったと思います。

また、司法書士資格を有していても、転職先はそれほど増えないように感じます。

[2014年8月]　公認会計士試験に合格
勉強期間は約1年、多様な企業や監査法人への転職、独立開業が可能になった

引き続き外航海運会社に勤務していました。

受験後に退職し、少しの休職期間を経て小規模監査法人に転職しました。

早期独立を考えていたため、大手監査法人の求人へは応募しませんでしたが、当時は人手不足だったため、転職は可能だったと思います。

一般企業についても、公認会計士資格を保有していれば、多くの一流企業への転職が可能です。

［2016年8月］　宅地建物取引士試験に合格
勉強期間は約1か月、不動産会社への転職や独立開業が可能になった

すでに独立開業しており、「いつか使うかもしれない」程度の考えで受験しました。合格後もとくに資格を使うことはありませんでしたが、業務上、宅建業の登録が必要になったため、取得した資格を使って不動産業を始めました。

もし就職を考えた場合は、不動産会社に就職が可能で、多少の手当も得られると思います。

こうして振り返ると、個人的な経験では、**転職にもっとも役立ったのはTOEICで、独立開業に役立つのは司法書士と公認会計士**でした。

転職時に資格があると、一定の能力を保有していることを証明できるため、選択肢が広がるでしょう。

私の例では、英語を日常的に使用する外航海運会社については、TOEICのスコアを保有していたために転職できたと思います。

前提知識の差があるため一概には言えないものの、着目してほしいのは、**どの資格も1~2年ほどで取得できている**点です。

TOEICと行政書士については、ほぼゼロの状態から始めたので、これから勉強を始める人でも、1年で資格試験に合格することは十分可能です。

あくまで個人的な意見になりますが、宅建士や行政書士、TOEIC800、税理士の簿記論・財務諸表論などは1年間で合格可能であり、司法書士試験や公認会計士試験は、丸1年での合格は難しいと思います。

「たった1年で合格する」スケジュール

これまでの内容を踏まえ、1年で合格するスケジュールを考えてみましょう。

これからお教えするスケジュールの組み方は、基本的にどの試験でも使えるものです。

【勉強開始前】

繰り返し書いていますが、第一にやるべきは、「過去問のチェック」です。

これは、「資格試験に合格する」という目標を達成するための、最終到達点を確認することです。

合格基準も必ずチェックしましょう。

相対評価で受験者の上位10％ほどが合格する試験もありますし、ほかの受験者に関係なく一定の点数を取れば合格する試験もあります。

試験によって、身につける知識レベルが変わるので、勉強を始める前に必ず見ておきましょう。

一般的に、資格試験は、試験制度変更などの予告がなければ、前年と大きく出題形式や難易度が変わることはありません。

直近数年分の過去問が時間内に問題なく解けるようになれば、合格レベルに近づいていると考えてよいでしょう。

▼ポイント① 過去問をチェックする（参考ページ：P.101、P.215）

続いて行うことは、テキストと問題集の選定です。

専門学校などに通わず、独学での合格を目指す場合、市販のテキストを中心に勉強することになります。

どちらも試験範囲を網羅していながらも、なるべく簡単な表現で書いてあり、薄いものを選びましょう。

どの試験でも必ず、合格した人がブログ等で使った教材を紹介しています。

実際に合格者が書いている一次情報を参考にし、テキストを選びましょう。

▼ポイント② テキストと問題集を選ぶ（参考ページ：P.99、P.104、P.201）

【勉強開始】

テキストを入手して準備が整ったら、勉強を開始します。

勉強時間は試験の難易度によって異なりますので、合格した人のスケジュールを参考に、1日あたりのノルマを設定しましょう。

私の経験で言えば、行政書士試験は1日2時間で半年ほど、司法書士試験は5時間半で2年、公認会計士試験は司法書士試験合格からの1年間に5時間半の勉強で合格しました。

TOEICは行政書士試験と並行して勉強しており、1日1時間ほど勉強していたように思います。

▼ポイント③　スケジュールをたてる（参考ページ：P.54、P.180、P.208）

試験日までは長くつらい日々が続きますが、合格のためには、続ける以外の選択肢はありません。これまで書いてきたとおり、「人間は意志が弱く、続けられない」ことを前提にスケジュールを組み、適度に休息を取って、限界を迎えないように自分をコントロールしましょう。

▼ポイント④　休息を取る（参考ページ：P.42、P.170）

【勉強開始から3か月】

勉強開始からの3か月で、テキストと問題集を三周終えることを目指しましょう。三周くらい読むと、少しだけ内容が覚えられます。

その後は同じ内容を繰り返すことになるので、楽になったことが体感できます。ここまで続けるのが、最初の目標です。

▼ポイント④　テキストと問題集を三周する（参考ページ：P.116）

3か月を経過したら、本番形式で行われる模試に申込を始めます。本番までになるべく多くの模試を受け、慣れるようにしましょう。本試験では予想外のことが起こりますが、事前に多くのトラブルを経験しておけば、万が一の場合でも対処できる可能性が高くなります。

▼ポイント⑤　模試に挑む（参考ページ：P.123）

【試験まで3か月】

試験まで残り3か月を迎える時点で、過去問の内容を概《おお》ね理解でき、模試でも合格水準の点を取れるレベルを目指しましょう。

余裕をもって合格レベルに到達できれば、残った時間でさらに実力を上積みし、合格の可能性を高めることができます。

▼ポイント⑥　合格水準を目指す

【最後の1か月】

最後の1か月は本番を見据え、体調管理と知識の穴をふさぐことに努めます。

直前に吸収した知識が出題されることもあるため、最後まで気を抜かないようにしましょう。

▼ポイント⑦　最後まで気を抜かない

1年で難関資格試験に合格することは、私の例のように不可能ではありません。

この一瞬にも試験までの残り時間が減ってしまうため、すぐに行動することが大切です。

人生を変えるチケットをつかむため、この瞬間から行動を開始しましょう。


1年頑張れば、難関資格でさえ取得できる可能性があります。資格を取れば人生の選択肢が増えます。この本を参考に、いますぐ勉強を始めましょう！

何年かけても合格しない勉強法

勉強のつらさは大したことない

どんなジャンルでも、一流に触れることは、大きな学びになります。

大学を卒業して新聞記者になったとき、人の話を聞く機会に多く恵まれました。スポーツ選手、国会議員、大会社の経営者、作家など、数多くの成功者に会い、苦労したこと、成功できたポイントなど、それぞれのエピソードを興味深く聞きました。それなりに記事にしてまとめたものの、どこか遠い世界の物語と感じていました。

私はスポーツ、勉強、仕事など、いわゆる「普通」の人生で触れるイベントは、それなりの努力をして、人並みにできていたように思います。

ところが、高い目標を実現しようと考えたとき、見える風景が一気に変わりました。

学生のころ、総合格闘技に本気で取り組んでいたものの、プロ選手にはなれませんでした。

社会人になり、運動不足が気になっていたことから、趣味にしようと軽い気持ちでブラジリアン柔術を始めました。

最初は週に1回程度の練習でしたが、気づけばすっかりはまってしまい、練習は週に5日、毎月試合に出るようになりました。

新聞記者から転職して時間の余裕ができたこともあり、練習のペースはさらに増え、プロ格闘家が集まる練習にも参加するようになりました。気づけば、学生時代より、格闘技に真剣に向き合うようになりました。

当時、印象に残る一流選手が二人いました。

どちらも世界選手権での優勝を目指し、鍛錬を重ねていました。

1日に8時間以上心拍数が上がった状態をキープしていたり、相手を100回ギブアップさせるまで練習を終えなかったりなど、常人にはとてもマネできない内容で、一種の狂気をはらんでいたように思います。


目標達成への真剣な気持ちが並外れた努力になり、一般人のリミッターを大きく超えた状態でした。

二人は生活のすべてを捧げるような努力を何年も続けたものの、どちらも世界選手権の優勝には届きませんでした。

私も一時は格闘技で生計を立てることを検討していましたが、彼らの日常を目の当たりにするうち、「自分にはとてもできない」という思いが強くなっていきました。ポッキリ心が折れる音が聞こえ、格闘技への情熱はすっかり冷めました。

2010年くらいのことだったと記憶しています。


その後、紆余曲折あり、資格試験を受けるようになるわけですが、つらい日々の中で、この経験が大きく役立ちました。

ジャンルは違いますが、これ以上できないレベルの努力を見たことで、苦しくなっても「彼らの努力に比べると大したことはない」と感じることができました。

その後も、プロミュージシャンになった人や、設立した会社を高額で売却した人など、様々なジャンルで成功した人に会います。

ある程度の成功を納めた人のなかに、努力していない人は一人もいません。

むしろ、人並み外れた努力をするのはチャンスをつかむための参加チケットに過ぎず、運や環境などが絡んで、成否が分かれる印象です。

はっきり言えば、資格試験に合格するための努力は、何かで世界チャンピオンになったり、一流のプロになったりするのに比べると、大したものではありません。

数年間は勉強を人生で一番の優先事項にする必要はあるかもしれませんが、命を削るほど大変なエネルギーは不要です。

それより、**合格するために必要なレベルを正しく認識し、そこに到達するためのプロセスを淡々と繰り返すことが求められます。**

一方で、正しい努力を適切に繰り返さないと、合格することは難しいです。

正しい努力は資格試験の種類によって異なります。

具体的に言えば、「本番で合格水準以上の点を安定的に取るために必要な努力」です。


これまで、私の経験を踏まえて、目標達成に必要な様々な情報を伝えてきました。

それは、あくまでも私が考えている内容であって、万人に当てはまるものではありません。取捨選択して、自分に必要な情報を取り組めばよいと思います。


とはいえ、結果が出ない人のうち、共通すると感じるパターンもあります。

この本の締めくくりに、絶対にやらないほうがいいと考える勉強法をお伝えします。

理解するまで先に進まない

難関資格試験のもっとも多い失敗パターンは、「本試験にたどり着かない」ものです。

合格して人生を変えよう、と意気込んで勉強を始めても、早々に挫折してあきらめてしまう人が多いです。

かつて私が公認会計士試験の専門学校に通い、数か月で通学しなくなったように、多くの人が専門学校に大金を払い、何の成果も出せずにいます。

当時、講師の先生に聞いたところ、試験を受験するのは入学者のわずか三割ほどと言われたように記憶しています。

この数字が正確かはわかりませんが、同じクラスで授業を受けていた人が毎週のように減っていったのは間違いありません。

試験前に挫折してしまう人のパターンはだいたい同じです。

たいていの人は、最初は順調にカリキュラムを消化していくものの、次第についていけなくなってノルマをためてしまい、そのうちに膨大な試験範囲を前にしてあきらめてしまいます。

あとには山積みになったテキストが残るだけです。

こうなる原因は、試験範囲を一周するのに時間をかけてしまっているからです。

これまで書いたとおり、特別な天才を除いては、範囲を一周しただけで合格レベルの知識を身につけられる人はいません。

普通の人は、何回も何回も同じ論点についてテキストを読み、問題を解くことで理解が深まり、合格に必要な実力をつけることができます。

一周してしまえば、あとは同じことの繰り返しになるので、二周目、三周目と周を重ねるごとに負担が減っていきます。

体感ですが、範囲を一周終えた人が挫折する確率は大きく下がるように思います。

実際、私が税理士試験のサポートを行っている受験生も、これまでの数年間は一度も試験範囲を終えることができず、受験までたどり着きませんでしたが、試験範囲を一周したあとは勉強が効率化して速度が上がっており、挫折しそうな気配はありません。

この観点から、**絶対にやってはいけない勉強法は、「納得して理解するまで先に進まない」**という勉強法です。

普通の人は、努力して記憶したことも、少し時間が経つと嘘のように忘れてしまいます。

高校時代に勉強した古文や数学の内容に継続して触れていなければ、ほとんど忘れてしまっている人も多いのではないでしょうか。

そのため、テキストを一周しただけでは内容を理解することはできません。

大学受験など、成功した過去の勉強体験を振り返っても、模試や教科書の読みこみを繰り返し、何度も同じ内容を学んでいたはずです。

それにもかかわらず、資格試験になると、一定割合の人が、テキストを最初から読み始め、納得するまで理解してはじめて、次の論点に進むスタイルで勉強しようとします。

難関資格試験は範囲がとても広く、覚えるべきことも相当な量になります。

普通の人は一つ一つの内容を細かく覚えることは無理なので、ある程度理解したらどんどん次に進み、何度も同じ論点に触れることを重視すべきです。

人によっては、勉強期間中に一周だけ試験範囲を学び、本試験に臨む人もいるようですが、その方法では合格する可能性は低いでしょう。

それは極めて単純な理由で、一回で難しい内容を覚えられる人はいないからです。

勉強の開始を遅らせる

もう一つ、**やってはいけない勉強法として挙げられるのは、「何種類もの勉強法やテキストを参照し、勉強を開始するのが遅くなる方法」**です。

難関資格試験の本番は、たいてい年一回です。

落ちたらもう一年になるので、早く動いて努力を重ね、実力をつけていくことが必要です。

いろいろなテキストや勉強法をつまみ食いのように参照し、いたずらに準備に時間をかけてしまうと、勉強にかけられる時間が少なくなってしまい、本番までに間に合わなくなる可能性があります。

最初から完璧な計画を立てることは不可能なので、まずは問題とテキストに触れるようにして、トライ&エラーの要領で修正していくべきです。

動きだしを早くすることがスケジュールの余裕を生み、ノルマをこなせなかったときのバッファにもなります。

逆に、のんびり準備することにメリットはありません。

やると決めたらその日のうちに動きましょう。

楽をして合格する方法は存在しない

これまで、私の経験を踏まえて、難関資格試験に合格する方法について書いてきました。

最後に伝えたいのは、「楽をして合格する方法は存在しない」という当たり前のことです。

ジャンルに関係なく、困難な目標を達成する方法は、努力の積み重ね以外にありません。

そして、資格試験は運の要素が絡む割合は相対的に大きくありません。運に見放されたことがあったとしても、何年も連続で不運を原因に失敗することはありません。

連続で落ち続けるなら、それは単なる実力不足であり、努力が足りないか、努力の方向性が間違っているだけです。

本気で取り組み、現在地を確かめながら実力をつけていけば、いつか必ず目標はかないます。

そして、現在のところ、難関資格試験には人生を選べるようになるという十分なリターンがあります。

やるかやらないか、それはあなたの気持ち一つです。
合格はあくまで通過点に過ぎず、学びは一生続きます。
大らかな気持ちを持って、楽しみながら苦しい日々を乗り越えましょう。

「理解するまで先に進まない」「勉強の開始を遅らせる」は絶対にやってはいけない。楽をして合格する方法はないと認識して、効率的に勉強しよう！

おわりに

私は、一人の時間を過ごすことが好きです。

子供のころから集団行動やチームスポーツが苦手で、大人になっても、サラリーマンとして組織文化に合わせて働くのは性に合いませんでした。

どこか生きづらさを感じていましたが、今になって理由がよくわかります。

私は、自分で考えたとおりに行動し、自分が生きたいように生きることが好きなのです。


現在は、独立し自営業となったことで、毎日がとても楽しいです。

主に士業を中心に、飲食店や小売店の経営をしたり、オリジナルワインを作ったり、市長に直談判して大規模イベントを開催したりしています。

この原稿を書いているいまは、居酒屋の出店準備をしながら、宿泊施設の再生計画を考えています。

忙しさは、サラリーマンのころとは比較になりません。

起きてから寝るまでほとんど働いており、家族と話すリビングでこうして原稿を書いています。

オンオフの切り替えはなく、常に走っているかのようです。

それでも、つらいとは思いません。

時には手痛い失敗をすることもありますが、「独立しなければよかった」と思ったことは一度もありません。

むしろ、苦しみさえも、「自分の力で生きている」という実感につながっているような気がします。

自分の行動で未来が変わる感覚は、勤務時代には得られないものでした。

かつて私は、公認会計士試験の専門学校に通ったものの、授業についていけず、すぐに諦めて大金をムダにしました。

挑戦をやめて一般企業に就職したところ、公認会計士の対応をするポジションに配属され、挫折した事実を突きつけられる日々を送りました。

そんな私の人生が変わるきっかけは、「独学」でした。


この本には、私が培った独学で結果を出すためのノウハウを詰めこみました。

それは、私の苦しんだ日々の集大成であり、あなたにとっても、人生を好転させるきっかけになるはずです。


現代の技術進歩は非常に速く、予想できない新しい技術が次々に現れ、私たちの仕事や生活環境は日々変化しています。とくにＡＩの進化により、多くの仕事が将来的に消える可能性が高いと言われています。

私の業務範囲においては、個人的な意見ではありますが、単純な手続き業務はＡＩに代替され、ニーズがなくなっていく可能性が高いと考えています。

このような時代に、資格試験に挑戦することに意義があるのかという疑問を持つ人もいるでしょう。

しかし、私は、このような時代だからこそチャレンジすべきだと考えます。変化のスピードはあまりにも速く、将来を見通すことは極めて難しい状況です。とはいえ、環境が変わるからといって、技術の発展を恐れる必要はなく、新しい技術は私たちに便利な生活をもたらしてくれると思います。

大切なのは、新しいことを恐れず、学び、挑戦し続けることです。

興味を持ったことには躊躇なく挑戦し、行動することが重要です。

「独学」は言葉のとおり、一人で学ぶことです。

先が見通せない時代に、間違いなく言えることは、学ぶことの重要性はさらに高まるということです。

時代が変化していく過程で、自ら学ぶ力は、必ずあなたの人生を好転させるでしょう。

人生は一度きりで、時間は誰にも平等です。

普段、意識していないかもしれませんが、私たちはこの瞬間も死に向かって歩みを進めています。

充実した人生を送るために迷っている暇はありません。

自ら学び自ら行動すれば何者にでもなれます。
私もまだまだ道の途上で、理想の自分に近づくための努力を重ねています。
資格試験を受けることはなくなりましたが、自ら学ぶ意欲と習慣は衰えていません。
身につけた独学のノウハウは、いつまでも役立ちます。

この本を閉じた瞬間から、目標に向かって走りだしましょう。
あなたが独学で人生を切り開き、充実した人生を送ることを心より祈っています。

２０２３年5月　石動龍

【著者紹介】

石動 龍 （いしどう りゅう）

青森県八戸市在住。公認会計士、税理士、司法書士、行政書士。読売新聞社記者などを経て、働きながら独学で司法書士試験、公認会計士試験に合格。石動総合会計法務事務所代表。ドラゴンラーメン（八戸市）元店長、ワイン専門店 vin+ 共同オーナー、十和田子ども食堂ボランティアとしても活動している。趣味はブラジリアン柔術（黒帯）と煮干しラーメンの研究。

この作品に対する皆様のご意見・ご感想をお待ちしております。

おハガキ・お手紙は以下の宛先にお送りください。

【宛先】

〒150-6008 東京都渋谷区恵比寿4-20-3 恵比寿ｶﾞｰﾃﾞﾝﾌﾟﾚｲｽﾀﾜｰ 8F
（株）アルファポリス　書籍感想係

メールフォームでのご意見・ご感想は右のＱＲコードから、
あるいは以下のワードで検索をかけてください。

アルファポリス　書籍の感想　検索

ご感想はこちらから

意志《いし》の力《ちから》に頼《たよ》らないすごい独学術《どくがくじゅつ》

石動 龍（いしどう りゅう）

2023年 6月 15日初版発行

編集ー芦田尚
編集長ー太田鉄平
発行者ー梶本雄介
発行所ー株式会社アルファポリス
〒150-6008 東京都渋谷区恵比寿4-20-3 恵比寿ｶﾞｰﾃﾞﾝﾌﾟﾚｲｽﾀﾜｰ8F
TEL 03-6277-1601（営業）03-6277-1602（編集）
URL https://www.alphapolis.co.jp/
発売元ー株式会社星雲社（共同出版社・流通責任出版社）
〒112-0005 東京都文京区水道1-3-30
TEL 03-3868-3275
装丁デザインーansyyqdesign（annex）
イラストー藤塚尚子（ｅｔｏｋｕｍｉ）
図版・目次デザインー西川雅樹
印刷ー中央精版印刷株式会社

価格はカバーに表示されてあります。

落丁乱丁の場合はアルファポリスまでご連絡ください。

送料は小社負担でお取り替えします。

ISBN 978-4-434-31945-7 C0030